榎本武揚・横井時敬と東京農大

松田藤四郎

本書は、読者の便宜のため、既刊の『横井時敬と東京農大（平成一二年四月刊）』と『榎本武揚と東京農大（平成一三年七月刊）』を合本したものです。

榎本武揚と東京農大

松田藤四郎

学びて後　足らざるを知る（武揚）

東京農業大学創設者榎本武揚

はしがき

榎本武揚の人物、業績に対する評価は、歴史の歩みとともに客観的に見直され、近年、評価が高まりつつあるように思われる。榎本武揚は、明治維新の回天にあたり、幕府海軍副総裁として、幕府艦隊を引き連れ品川沖を脱走、蝦夷島を征服し、箱館五稜郭によって新政府軍と戊辰戦争最後の戦いをおこなった。敗軍の将として囚われの身となったにもかかわらず、死いっとうを免ぜられ、新政府の逓信、文部、外務、農商務等の各大臣、その他政府の要職を歴任した。

榎本武揚は五稜郭落城にあたり、全責任を負って切腹しようとするが、介錯を命ぜられた北辰一刀流大塚雀之丞が、腹に短刀を突き刺そうとする榎本を引き止めた。このとき榎本が切腹していたら、あるいは囚われた後でも死刑に処せられていたら、彼は武士の意気地を通した人物として、歴史上に違った評価を残していたであろう。

ところが、榎本武揚の有り余る多才な才能が薩長藩閥内閣の中で縦横に生かされ、あれよあれよという間に高官に昇りつめ、明治政府きっての国際人・第一級の官僚の評価を受けるようになると、変節漢、薩長の伴食大臣などと陰口をたたかれるようになる。あの福沢諭吉でさえ、勝海舟と榎本武揚に痩せ我慢の説を送りつけ非難をする。また、子爵の位を受けるとこれまた批判される。榎本武揚はこれらの非難を気にしなかったといえば嘘になるが、榎本は誰が何といおうと自分は箱館で一度死んだ人間だ。命が助かった以上、新生日本のために、自分の持っている才能を生かそうとの信念を貫いた。榎本武揚は明治天皇の信任がことの他厚かった。陛下に対して爵位を断ることなどできる筈がなかったのである。

榎本武揚は、自分なりに自分の一生を生き抜いたのである。彼は生き抜いて多くの業績を残したが、その一つに東京農業大学がある。榎本武揚が箱館で切腹していたら今日の東京農業大学はない。榎本武揚が東京農業大学の前身育英黌を創設し、そのなかに農業科を設けたのが明治二四年のことである。爾来一一〇年を数える。榎本武揚の東京農学校（育英黌分黌農業科を改称）は中等農業教育機関であった。榎本武揚の創設した東京農学校を引き継ぎ、高等農業教育機関に育てたのは明治農学の始祖横井時敬である。横井時敬の努力によって東京農業大学は大正一四年に大学令による大学に昇格し、戦前、唯一の農学系私立大学として発展した。

榎本武揚が校主として東京農学校の経営にあたったのは七年間であり、横井時敬は三

○年間であった。それだけ横井時敬の影響が強いのであるが、彼は榎本武揚の思想の多くを共有していた。榎本武揚の実学思想、開拓精神、殖民思想、武士道精神などはいまもって東京農業大学に脈々と受け継がれている。

メキシコに榎本殖民地が建設されたのが明治三〇年（一八九七）のことである。わが国殖民地第一号である。北米・中米・南米で活躍する卒業生の第四回汎アメリカ校友大会が、今年七月にメキシコ市でおこなわれる。これを記念して榎本武揚顕彰碑をかつての殖民地跡に建立することになった。それが本書を執筆する動機ともなった。

本書の執筆にあたり、対雁の資料収集に江別市公民館及び上村秀雄氏に、また、資料の整理・出版まで袖山松夫、佐藤勝彦、内原美晴各氏に大変お世話になった。ここに感謝の意を表したい。

二〇〇一年七月

メキシコ出発を前にして

著　者

第二版発刊にあたって

メキシコ出発前にようやく間に合わせて出版したところ、意外に反響が多く、二カ月間で品切れになった。榎本武揚が東京農業大学の創始者だということは、農大関係者以外の人にはあまり知られていないようである。大学が少なかった戦前は、農学系私立大学唯一の農大（今は東京農大と言わないと各県の農業者大学校と間違えられる）を知らない人は殆どいなかった。

しかし、戦後新制大学に農学部が沢山でき、五〇年も経つと、一般の人は東京農大が由緒のある大学で、その校風や教育理念が地についた大学であることを知る人は少なくなってきた。

そういったこともあり、関心をもたれた方が多かったのだろうと思っている。再版にあたり、初版の誤植と多少の誤りを訂正し、榎本顕彰碑建立の様子を加筆した。

二〇〇一年一〇月一日

著　者

榎本武揚と東京農大

目次

東京農業大学草創期の主役たち　63

北海道開拓の夢、オホーツクキャンパスに実現　113

榎本武揚が蒔いた一粒の種子が大樹に

一　育英黌農業科から東京農業大学へ

世田谷のど真中に広大な敷地（一五七、六九〇㎡）をもつ東京農業大学がある。小田急線経堂駅から南に歩いて一五分。同じく千歳船橋からバスで五分。田園都市線用賀駅からこれまたバスで七分。今上陛下の誕生を記念してつくられた馬事公苑のまん前に位置している。

世田谷通りに面して世田谷百景の一つに数えられている、風格のある正門がある。正門アプローチの右横にイチョウの大木が、正面を入って左、守衛室の横に二本のヒマラヤ杉の大木がある。由緒ある大きな門柱には棟方志功の筆による「東京農業大学」の看板が埋め込まれている。一歩構内に入ると、大木のクスノキ、桜、シラカシ、イチョウ、ていていと天を突くメタセコイア、アオギリ、ケヤキなど二五〇種、九、〇〇〇本におよぶ常緑樹、落葉樹が構内いたるところに植えられている。まさに緑のキャンパスである。これら緑化樹木は大学の景観、環境に寄与している

創設者榎本武揚像
(世田谷キャンパス)

せたがや百景の碑

東京農業大学正門（世田谷キャンパス）

初代学長横井時敬像
(世田谷キャンパス)

が、造園科学科、環境緑地学科、学芸員取得の樹木に関する教材にもなっているのである。

さて、正門を入り少し行った二号館と本部棟をはさんだ所に、二つの胸像がちょうどバランスのとれた灌木に囲まれて台座の上に乗っている。手前の一つが東京農業大学生みの親榎本武揚《えのもとたけあき》の胸像であり、その奥手にあるのが東京農業大学育ての親横井《よこい》時敬《ときよし》の胸像である。建立された時期は横井時敬像が先である。東京農大創立七〇周年の記念事業の一つとして創られた。榎本武揚像は東京農大創立九〇周年を記念して建てられた。育ての親の胸像が先になったのは、生みの親より育ての親という故事にもよるが、当時の小野三郎理事長が横井先生の晩年の教え子だったことと、さらに東京農大が終戦の年まで渋谷常盤松（現在の青山学院大学内）にあったが、当時、横井講堂の正面左脇に既に横井先生

渋谷常盤松時代の横井記念講堂、左脇に横井像がある

の胸像があり、それを継承する意味もあったことなどによる。

榎本武揚は旧幕臣の子弟教育を含め明治二四年に私立育英黌を設立した。榎本が管理長(いまの理事長)を務めた。実学教育を重んじる榎本は育英黌のなかに農業科、商業科をさらに普通科を設けたが、農場がなかったので、翌年農場確保地に移転し、そのとき育英黌から分離して黌名を私立育英分黌農業科と改めた、育英黌の設立母体は旧幕臣の子弟に奨学金をだすために明治一八年に設立された徳川育英会である。徳川育英会の会長は榎本武揚であった。明治二六年に榎本武揚は育英黌分黌農業科を私立東京農学校と改め、この年から学校経営は徳川育英会の手を離れ、榎本自ら引き続き校主として経営の責任にあたった。

しかし、学校経営がうまくいかず、ついに明治二九年廃校を決意したが、東京農学校の評議員であった横井時敬が、廃校を惜しみ、大日本農会の付属東京農学校として再生させた。横井時敬は大日本農会付属東京農学校の教頭、校長となり専門学校令による東京高等農学校(明治三六年)、ついで専門学校令による東京農業大学(明治四四年)、さらに旧大学令による財団法人東京農業大学(大正一四年)へと発展させた。戦前は私立の農学系大学は東京農業大学のみであった。横井時敬は昭和二年他界されるまで、実に三〇年間教頭、校長、学長として農大に実質的に貢献した。榎本武揚にこわれて東京農学校の評議員になった明治二八年から数えると横井時敬が農大に関わった年数は三二年間になる。なお、大日本農会が東京農業大学を経営したのは明治三〇年から大学令による財団法人東京農業大学になる大正一四年までの二八年間であった。

榎本武揚は東京農学校を大日本農会に委譲した、翌年の明治三一年に管理長を辞した。育英黌を設立した七年後のことである。管理長を辞した後も渋谷常盤松の校地移転にあたり、御料地払い下げに尽力された。

東京農大といえば、横井時敬が通り相場であった。榎本武揚はだんだん忘れられ

大日本農会の本拠、三会堂。明治37年竣工。
関東大震災で焼失

ていった。榎本武揚の復権を主張し、胸像建立を計画したのは西郷光彦理事長(昭和五六年～六三年)であった。西郷光彦氏は西郷隆盛の弟、西郷従道の孫で、陸士を経て昭和二四年東京農大農学科を卒業している。昭和三一年短大栄養科、昭和三九年学部栄養学科、昭和六〇年東京農業大学第三高等学校・昭和六三年東京情報大学新設の立役者で、東京農大教授(農博)、常務理事を経て理事長になった。西郷理事長は榎本武揚が祖父西郷従道と同時代の政府高官であったこと、創立者を忘れてはいけないこと、などから榎本の復権を主張した。横井時敬没後六〇年、榎本武揚没後七五年を経過した頃で、直接縁の人は殆どこの世を去っていた。

私はそれ以前から榎本武揚は東京農業大学の「生みの親」、横井時敬は東京農業大学「育ての親」として両者を正当に評価すべきと主張した。昭和四九年頃のことである。いまでは学内、学外とも定着した言葉になった。

榎本武揚が設立した育英黌農業科は初年度四〇数名の学生が入学したものの、一期生の卒業者数は一八名に過ぎなかった。大日本農会に委譲されるまでの期間入学者が五〇名を超える年は一度もなかった。平成二七年（二〇一五年）四月現在の学校法人東京農業大学傘下の各学校の学生、生徒数を見ると、おおよそ本家の東京農業大学が大学院前期・後期課程二研究科、五学部、三キャンパス（世田谷、オホーツク、厚木）学生総数一二、〇〇〇名、同短期大学部、学生総数九〇〇名、東京情報大学大学院前期・後期課程一研究科、一学部、学生総数一、九〇〇名、東京農業大学第一高等学校・中等部（世田谷区）生徒数一、六〇〇名、同第二高等学校（高崎市）生徒数一、八〇〇名、同第三高等学校（東松山市）生徒数一、五〇〇名、東京農業大学成人学校（世田谷区）生徒数二五〇名、総計約二〇、〇〇〇名である。大変大きな教育機関に成長した。なお、東京農業大学は平成二八年に榎本武揚がつくった育英黌農業科から数えて一二五周年を迎えた。これまでの卒業生総数は一六万余名である。

榎本武揚の蒔いた一粒の種子が見事に大樹に成長した。横井時敬は勿論であるが、その後の歴代の理事長、学長の努力に負うところが大である。

二　学校法人東京農業大学の教育体制（平成三一年四月現在）

東京農業大学大学院
農学研究科（世田谷キャンパス、厚木キャンパス）
生物産業学研究科（北海道オホーツクキャンパス）

東京農業大学
農学部（厚木キャンパス）
応用生物科学部（世田谷キャンパス）
生命科学部（世田谷キャンパス）
地域環境科学部（世田谷キャンパス）
国際食料情報学部（世田谷キャンパス）
生物産業学部（北海道オホーツクキャンパス）

東京情報大学大学院　総合情報学研究科（千葉市）
東京情報大学　総合情報学部（千葉市）
　　　　　　看護学部（千葉市）

総学校
東京農業大学第一高等学校（東京都世田谷区）
東京農業大学第二高等学校（群馬県高崎市）
東京農業大学第三高等学校（埼玉県東松山市）
東京農業大学第一高等学校中等部（東京都世田谷区）
東京農業大学第三高等学校附属中学校（埼玉県東松山市）
東京農業大学稲花小学校（東京都世田谷区）

東京農業大学世田谷キャンパス

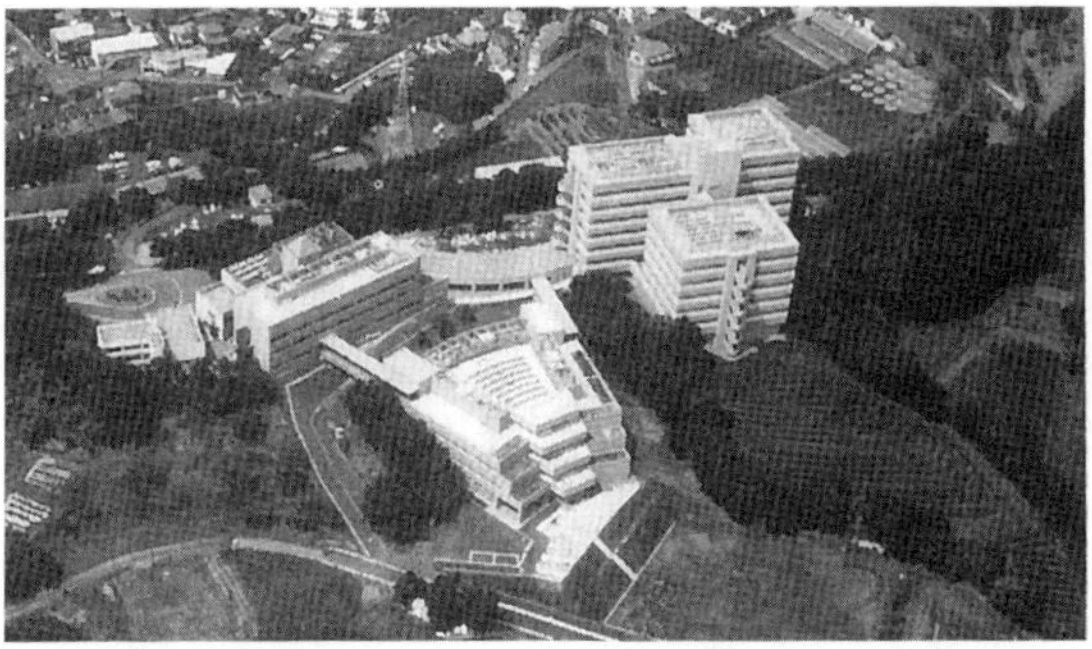

東京農業大学厚木キャンパス

東京農業大学北海道オホーツクキャンパス（網走市）

東京情報大学（千葉市）

東京農業大学第一高等学校・中等部
（東京都世田谷区）

東京農業大学稲花小学校（東京都世田谷区）

東京農業大学第二高等学校（高崎市）

東京農業大学第三高等学校・附属中学校（東松山市）

東京農業大学グリーンアカデミー（東京都世田谷区）

三　東京農業大学歴代の理事長・学長等

年月日	校名	理事長名等	校長・学長名等
明治24年3月6日	育英黌	榎本武揚（管理長）	永持明徳（黌長）
明治25年10月23日	育英黌分黌農業科	榎本武揚（管理長）	伊庭想太郎（黌長）
明治26年5月11日	私立東京農学校	榎本武揚（校主）	伊庭想太郎（校長）
明治30年1月16日	大日本農会付属東京農学校	榎本武揚（校主）	横井時敬（教頭・校長代理）
明治31年8月17日	大日本農会付属東京農学校	小笠原金吾（設立者代表）	横井時敬（教頭・校長代理）
明治34年3月1日	大日本農会付属東京高等農学校	石坂橘樹（設立者代表）	横井時敬（教頭・校長代理）
明治35年2月15日	大日本農会付属東京高等農学校	石坂橘樹（設立者代表）	田中芳男（校長）

明治36年8月21日　大日本農会付属東京高等農学校（専門学校令）
石坂橘樹（設立者代表）横井時敬（校長）

明治39年9月中　大日本農会付属東京高等農学校
安藤安（設立者代表）横井時敬（校長）

明治43年11月1日　大日本農会付属東京高等農学校
岡村猪之助（設立者代表）横井時敬（校長）

明治44年11月　私立東京農業大学（専門学校令）
横井時敬（設立者代表）横井時敬（学長）

大正14年5月18日　（財）東京農業大学（大学令）
横井時敬（理事長）横井時敬（学長）

昭和2年11月10日　（財）東京農業大学　吉川祐輝　吉川祐輝

昭和14年5月15日　（財）東京農業大学　佐藤寛次　佐藤寛次

昭和26年3月5日　（学）東京農業大学　佐藤寛次　佐藤寛次

昭和30年6月21日　（学）東京農業大学　千葉三郎　千葉三郎

昭和34年6月18日　（学）東京農業大学　三浦肆玖楼　三浦肆玖楼

昭和36年10月5日　（学）東京農業大学　内藤　敬　内藤　敬

昭和46年10月27日	(学)東京農業大学	小野三郎	平林　忠
昭和50年7月5日	(学)東京農業大学	小野三郎	鈴木隆雄
昭和56年7月16日	(学)東京農業大学	西郷光彦	鈴木隆雄
昭和62年7月5日	(学)東京農業大学	西郷光彦	松田藤四郎
平成元年1月9日	(学)東京農業大学	内田計手	松田藤四郎
平成6年10月1日	(学)東京農業大学	竹中久二雄	松田藤四郎
平成7年7月16日	(学)東京農業大学	松田藤四郎	松田藤四郎
平成11年7月5日	(学)東京農業大学	松田藤四郎	進士五十八
平成17年7月5日	(学)東京農業大学	松田藤四郎	大澤貫寿
平成23年7月16日	(学)東京農業大学	大澤貫寿	大澤貫寿
平成25年7月5日	東京農業大学		髙野克巳
平成25年7月16日	(学)東京農業大学	大澤貫寿	

注　(財)は財団法人、(学)は学校法人。

参考文献

『東京農業大学百年史・同資料編』　平成五年　学校法人東京農業大学
『東京農業大学生物産業学部十年史』　平成一〇年　学校法人東京農業大学
『東京農業大学年報』　学校法人東京農業大学

『目で見る東京農大百年』　平成三年　学校法人東京農業大学
『大日本農会事績年報』

実学主義者　榎本武揚　育英黌を設立

一　育英黌の誕生

育英黌の設置母体は前述したように徳川育英会である。徳川育英会は明治一八年に榎本武揚、伊庭想太郎《いばそうたろう》等が中心になって設立された。榎本は親分肌の面倒みのよい江戸っ子で、明治政府の高官になっても、派手な遊びなどせず、旧幕臣には物心両面において陰からの援助を惜しまなかったといわれる。

徳川育英会を設立したのも旧幕臣の子弟に対する英才教育のための奨学金の支給が目的であった。この徳川育英会は明治、大正と続き、大正一一年に静岡育英会と改称して存続を続けた。鎖国の夢を破られて以来、幕府は洋学の吸収やヨーロッパ、アメリカの諸制度の研究に力を入れ、榎本等は幕府留学生一号としてオランダに留学するなど、新知識の吸収と人材育成に努力した。戊辰戦争後、徳川家が駿府七〇万石に移封されても、優秀な人材は新政府の人材を圧倒していた。明治元年一〇月に新政府が陸軍職制を公布すると、すぐに徳川家は旧幕臣を中心に「陸軍学校＝徳川家兵学校」を設立した。頭取は榎本とオランダ留学をともにした西周助《にししゅうすけ》(のち周《あまね》)であり、教授陣は当時一流の軍人、知識人ばかりであった。この学校は明治二年八月に「沼津兵学校」と改称し、付属小学校も併置していた。徳川の旧幕臣たちは、明治になっても人材育成は決して忘れなかったのである。沼津兵学校は、結局、新政府に危険視されるとともに新政府のあの手、この手の人材引き抜きにあい、明治四年兵部省に接収され、明治五年には廃校となった。

榎本武揚は徳川育英会によって奨学金を支給するよりも一層、直接学校を創って教育しようと主張し、幹事長伊庭想太郎等の賛成をえて「育英黌」を設立することになった。これも、沼津兵学校なき後、主家おもいの榎本の執念が実ったものともいえる。育英黌を徳川育英黌とせず徳川の名をはずしたのも、沼津兵学校の轍を踏まないための遠慮深謀ともいわれている。

育英黌は明治二四年三月六日の設立認可であるが、認可主体は多分設置場所の東京市麴町区長であろう。当時はまだ学制が整備されておらず、実業補修学校(明治二六年一一月公布)、実業学校(明治三一年制定)制度もなかった。職業に関する学校制度としては「諸民学校」(明治五年)制があったのみである。この諸民学校は男子一八歳、女子一五歳以上のものに仕事の合間に授業を授け、あるいは一二歳から一七歳のものに生業を導くための授業がなされており、その多くが夜間に開かれていた。諸民学校や後の実業補修学校の認可は市町村となっていたから、恐らく育英黌の認可も麴町区長であったと思われる。育英黌分黌農業科が明治二六年東京農学校と改称するが、明治二九年伊庭想太郎校長の学校状況具申の宛先は小石川区長(東京農学校は小石川区に移転していた)宛である。こういったことからの認可主体の推測である。

育英黌は管理長榎本武揚、黌長永持明徳で始まったが、育英黌には商業科、農業科、普通科の三科があり、修業年限は二年であった。当時の認可や何歳で入学させたかの資料は発見されていない。従って、どの程度の学校だったのか、また、普通科が農商二科と同時に発足したのかは定かでない。

当時の資料として貴重なものに「育英黌広告」文がある。この広告は、育英黌が認可になった直後の明治二六年三月一六日から一九日まで四日間」陸羯南が主宰刊行した『日本』紙に掲載されたものである。これによって育英黌の設立趣旨やその内容がわかる。その全文を当時の広告のまま次頁に揚げる。

広告のポイントを要約すると①農工商の実学を重んずる風潮がようやく浸透して

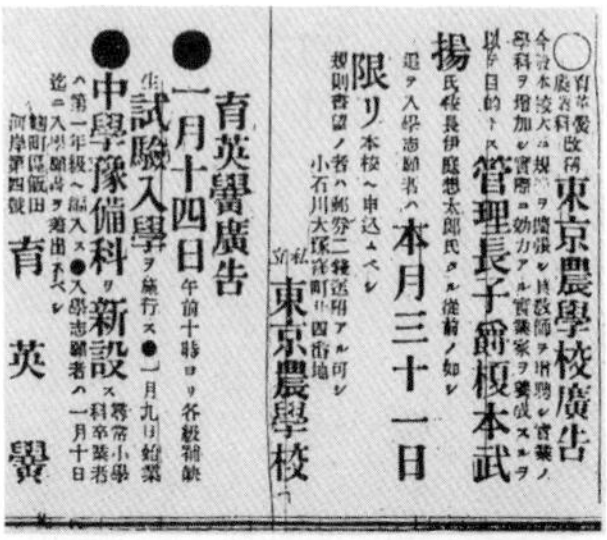

○育英黌農業科改稱 東京農學校廣告

今般本校ハ規模ヲ擴張シ其教師ヲ増聘シ實業ノ學科ヲ増加シ實際ニ効力アル實業家ヲ養成スルヲ以テ目的トス 管理長子爵榎本武揚氏校長伊庭想太郎氏タル從前ノ如シ

追テ入學志願者ハ本月三十一日限リ本校ヘ申込ムベシ

規則書望ノ者ハ郵券二錢送附アル可シ

小石川大塚窪町廿四番地

私立 東京農學校

育英黌廣告

一月十四日午前十時ヨリ各級補缺生試驗入學ヲ施行ス●一月九日始業

●中學豫備科ヲ新設ス尋常小學科卒業者ハ第一年級ヘ編入ス●入學志願者ハ一月十日迄ニ入學願書ヲ差出スベシ

麹町區飯田河岸第四號

育英黌

明治26年１月
２日、『日本』
に掲載の広告

近來社會の風潮漸く實學を重んずるを知り青年子弟頗る生產的の業務に意を傾る者多きに至り從來浮矜虚淺の流弊汚習漸く將に其跡を斂めんとす是學術上の一進歩といふへし然るに其冀望に適せしむるの校舍甚その乏きを告るもの丶如し本黌茲に盛する處あり主として

農商の二科を設け實際應用の學術を教授し苟も本黌に於て卒業する者は直に實業に就を得るのみならず各其志を遂る上に於て最も有益なる新智を發達せしめん事を期せり尙ほ普通科を加ふるも

陸軍士官學校海軍兵學校に入り他日軍人とならんと

のは 高等中學校高等商業學校 及專門の諸學校に入校せんとする者

欲するものを養成するを主とし士氣を振進し他日國家の干城たらしめん事を期し併ての爲に廣く其便を謀るにあり又撰科を設け特に一科を專修せんとする者の便に供せり而して教師には各其道の專門家を聘し又諸學士に請ふて每週講演を開き農商の二科及普通三科に關する學理を講述せしむ世に實用の學を講し大に爲すことあらんと欲する青年子弟は來學あらん事を希望す

明治二十四年三月　日

東京市麴町區飯田河岸第四號の三

私立 育英黌

管理長 子爵榎本武揚　教頭 荒川重秀　幹事 眞野肇

教師 農學士 岩崎行親　文學士 濱田健次郎　法學士 伴野乙彌　工學士 若山由五郎　上野清　眞野肇
農學士米國法律學士同理學士 荒川重秀　農學士 諏訪鹿三　其他數名

講師 工學士土木科 石橋絢彥　工學士土木科 小田川全之　農學士 渡瀬寅次郎　工學士土木科 田邊朔郎
米國造家學士造家科 妻木頼黃　中村宗次郎　工學士機械科 眞野文二　工學士造船科 三好晉六郎　杉山正治

補助 男爵赤松則良　河野桑次郎　吉田義高　田邊太一　竹村謹吾　中村六三郎　中村正直
成瀬隆藏　矢吹秀一　山本假儀　福田重固　江原素六　荒井郁之助　天野可春
天野富太郎　平山成信　（以上いろは順）

明治廿四年五月三日開校す

入學志願の者は來る四月十五日迄に申出へし規則一覽を欲せは郵券貳錢を寄送あるへし

明治24年３月
19日、『日本』
に掲載の広告

きたが、まだ、それらの学校が少ない。②農商の二科を設け実際応用の学術を教授する。③なお普通科を加ふるものは陸軍士官学校、海軍兵学校へ、軍人を目指さないものには高等中学校、高等商業学校、その他専門の諸学校に入校するもののために広くその便を図る。④選科を設ける。⑤教授陣はその道の専門家を聘し毎週講義をする。⑥応募締切は四月一五日。⑦開校は五月三日。などである。なお、広告は縦長方形で「育英黌広告」の図柄は、右肩に大砲、左肩に軍艦の錨、右下は立った馬と臥した牛。馬の頭あたりから右上の大砲まで一本の稲が描かれている。左下は大福帳の図柄で左上の錨に鎖で結ばれている。

学科の構成と広告の図柄からもわかるように、榎本武揚の「富国強兵、殖産興業」「実学主義」の思想が明瞭に読み取れる。榎本は農工商の産業の発展を念頭においているが、育英黌には榎本が近代工業の基礎は化学にあるとして、化学を猛然と勉強したのにも拘わらず、何故か工業科は設置されなかった。講師の工学士として石橋絢彦、小田川金之、田邊朔郎、真野文二、三好晋六郎等が配置されているにも拘わらずである。推測するにこの講師は非常勤講師であり、工業科ともなれば、実験のための機械器具などの設備も必要で、先の農商二科の状況を見て後日の設置を考えていたのかもしれない。

農商二科の卒業生は直ちに実業に就を目的にしている。しかし、ここで「尚ほ普通科を加ふるものは陸軍士官学校、海軍兵学校……」とあり、この加ふるものというのは農商二科を卒業して普通科に加ふるものを指すのか、農商二科と並列した学科なのかがよく理解できない。もし、前者だとすれば育英黌は当初二科と選科で始まり、その後、普通科を経て陸軍士官学校、海軍兵学校、高等中学校、高等商業学校などに進学することとなる。

広告では農商二科を大文字で書き、普通科の文字は小さい字でしか書いていない。二科で始まったか三科で始まったかは定かでない。一年後には農業科しか残らなかったのだから、もし普通科も同時にスタートしたとすれば、商業科にも普通科にも応募者がいなかったか少数に過ぎなかったことになる。なお、育英黌開校の地は開校後、翌年の明治二五年に甲武鉄道会社（現ＪＲ中央線）が新宿―飯田橋間の開通工事のため買収されることになり、四、〇〇〇円の立退き料で売却された。農業科は買収前に育英黌分黌農業科として農場をもつ大塚に移転するが、商業科、普通科の移転先は史実にない。工事着工後に廃科になったとしか考えられない。

普通科から陸軍士官学校、海軍兵学校への道を開くことは、榎本武揚の軍人魂、富国強兵思想、沼津兵学校の思いなどが混在してのことであろう。

明治28年に開設された飯田町停車場。当時この駅は中央線の始発駅であった

東京農業大学開校の地
(JR中央線飯田橋駅)

育英黌に農業科のみが残ったことについては生徒が集まったことにもよるが、榎本の農業開拓に対する執念が他の学科より強かったことを物語るものであろう。三月から四月にかけての生徒募集には四〇名ほどが入学したが、漸次退学者が出て一二月から翌年一月にかけ補欠募集をしている。何とか生徒を獲得し存続させようとしている。榎本武揚は徳川幕府瓦解のおり、新政府に反旗を翻し、幕府海軍を率いて品川沖を脱出し、箱館五稜郭によって勇戦したが、敗れて敗軍の将となった。榎本は一九歳のとき堀織部正《ほりおりべのしょう》利煕《としひろ》の従者として蝦夷地から樺太（北蝦夷地）まで巡察し、五稜郭にて戦ったときから蝦夷地の農業開拓を計画していたし、囚われて東京の牢獄にいるときも北海道開拓構想を練っていたといわれる。明治五年無罪放免となり開拓使四等出仕になって北海道に赴任してからも北海道開拓には全力投球している。彼の開拓精神が育英黌農業科の命脈を保ったといえよう。

育英黌の設立場所は東京市麹町区飯田河岸第四号の三（現在のJR中央線飯田橋駅構内）である。この地は神田川河岸で江戸城に近く、幕府の料理人の住む屋敷地であった。幕府縁の地に育英黌は開校した。なお、現在飯田橋駅東口付近に「東京農業大学発祥の地」のモニュメントが建てられている。

前述したように、育英黌の修業年限は二年であるが、入学資格が何歳以上かは定かでない。後の東京農学校の資格条件から推測するに高等小学校以上のようである。広告にあるように授業は毎週昼間行なわれていたから、諸民学校より程度の高い中等教育機関であったと思われる。

二　海軍予備科はあったのか

育英黌は結局農業科のみしか残らなかったのだから、そう詮索しなくてもよいかもしれないが、育英黌には海軍予備科があったのであろうか。あったという説が一人歩きしているので、若干述べてみたい。まずあったとする説には、①明治二四年三月の募集の育英黌広告には右上に大砲、左上に錨の図があり、軍人養成を思わせる。②初代黌長永持明徳《ながもちめいとく》は後にも述べるが、沼津兵学校の教授であった。その後新政府の陸軍の整備に尽力するが、当代随一の砲術に関する権威者であった。沼津兵学校の流れから、また、榎本武揚の海軍との関係からも海軍予備科はあったとも思われる。③明治三一年二月号の「大日本農会報」によれば、一月一六日の大日本農会附属東京農学校の開校記念日に教頭横井時敬氏が演説をしているが、そこで、次のように述べている。

「仰々我東京農学校は其初め育英黌の一部にして明治二四年三月六日に設立せられたり、（中略）育英黌は分かって四となせり、而して翌年に至りて農業科は特に之を今の現在たる小石川区大塚窪町に隔離して之を設立せり、是れ実習地を置かんが為めなりしか。而して此学校が育英黌と共に一斉に斃死するの不幸を免れて、（中略）実に其後数月に過ぎずして一事変の起これるが為に、育英黌は遂に廃滅に帰したるも、独り農業科は之れと同居せざりしが故に、育英会は尚を之れが事業を維持することに決せるなり」とある。横井時敬は明治二八年から東京農学校に関係しているから、確かなような気がする。

しかし、先きに農商二科で始まったか、普通科三科で始まったかと同じように、最初の生徒募集広告には海軍予備科の名前はない。農商二科に加える者は陸軍士官校海軍兵学校に入り……とあるのみである。また、育英黌に選科を設け特に一科を専修せんとする者の便……」の選科が海軍予備科を指すのか定かでない。農業科にも選科があったからである。いずれにしろ、軍人養成を視野に入れていたことは確かであるが、実際にスタートしていたかどうかは不明である。なお、一事変が起きて三科がつぶれたとあるが、この一事変が甲武鉄道の買収をさすのか、それ以外に何かあったかは、いまとなっては判らない。

三　育英黌農業科、分離独立
育英黌分黌農業科

育英黌は、結局農業科のみにしか残らなかった。育英黌の農業科は当時毛色の変わった農学校ということで案外人気があり、第一次募集では四〇数名の応募者があったが、実習地一坪もなく、漸次退学するものがでてきた。しかし、榎本武揚の農業科にかける情熱は強く、明治二四年九月から翌年の一月にかけて補欠募集をして、その存続を図ることにした。榎本は育英黌農業科に的を絞ることにしたのである。

その農業科の充実を図るよい機会がおとずれた。それは飯田橋河岸に設立した育英黌の敷地の買収問題が起きたことである。先にも述べたが明治二五年、甲武鉄道会社（明治二二年開業、新宿——立川間開通、現在のJR中央線）が、新宿——飯田橋間の開通工事をおこなうことになった。飯田橋付近は当時既に東京の中心部で、周辺に農場をもつことは困難であったから、甲武鉄道の要請は渡りに舟ともいえたのである。

榎本武揚は育英黌農業科の存続を決意していたので、徳川育英会幹事の伊庭想太郎に、徳川育英会から独立してでも存続させたいと、育英黌農業科の移転先を相談した。伊庭想太郎は、当時、四谷区会議員、学務委員を勤めていた。また初代黌長の永持明徳は、一年で黌長を辞していたが、当時は東京市会議員になっていた。伊庭想太郎は永持明徳と相談し、永持明徳の知人である東京府会議長芳野世経に依頼して、明治二五年一〇月二三日、芳野の所有地小石川区（現在の文京区）大塚窪町二五番地に移転（借地）したのである。この地は江戸時代、守山藩主松平大学頭の上屋敷の一部で、近くに小石川薬園（現在の植物園）があった。明治初年、芳野世経の所有となり、周囲にはまだ田園風景が広がっていた。因みに、この地は筑波大学の前身東京教育大学があったところで、現在は大塚三丁目と変更されている。面積は、構内面積一・三四ヘクタール、農地一・一八ヘクタールをもつ農学校になった。移転を機会に黌名を育英黌分黌農業科とした。分黌にしたのは、まだ育英黌が存続していたからであり、農場実習のために一日も早く移転が必要だったからである。この大塚移転が学校存続の運命を決したのである。育英黌分黌農業科の黌長に伊庭想太郎が就任した。なお、永持明徳が黌長を辞した後の黌長代理は教頭の眞野肇であった。黌長に就任した伊庭想太郎は校舎の建築と学制の整備、教員の充実に着手した。校舎は藁葺屋根平屋一棟一三坪五合と板葺平屋一棟八坪七合四勺九分の二棟である。また、これまでの修業年限を三年とし、教育内容も改善して教育程度も駒場の乙科よりやや高い程度になったと二期生の麦生富郎はいっている。『東京農業大学七十年史』や『東京農業大学百年史』では育英黌農業科は学制も整備されておらず、農業技術者養成というより、むしろ勧農志士の鍛錬を主眼としていた、と書かれているが、私はそうは思わない。それはまだ職業学校制度が不備な時代でありながら、内容的には実学を重んじ、近代農学の学理を条件不利のなかでよくやっていたと思うからである。先の麦生氏によれば、明治二五年の夏の在学生数は一期、二期合わせて七、八〇名いたと述べている。専任教師は当初、眞野肇(農学士)、河村九淵(農学士)、荒川重秀、諏訪廉三(農学士)、吉田義高の五名だった。なお、わが国で農学士制度ができたのは、明治一六年で当時は札幌、駒場農学校本科卒業生に対してのみで、農学士といえば、いまの農学博士などよりはるかに権威の高いものであった。育英黌農業科及び育英黌分黌農業科の教育程度は中等農業教育としてはレベルの高いものだったといえよう。なお校名が東京農学校に変更してから、その教育内容は

大塚窪町の東京農学校校舎

第１回卒業生、中央榎本武揚

さらに充実したものとなっていく。

なお、第一回の卒業式は、明治二六年七月二一日に行なわれた。第一回生入学は明治二四年五月、そのときの校名は育英黌、二年生になった明治二五年一〇月二三日に育英黌分黌農業科に、卒業の年の明治二六年五月一一日には東京農学校と校名は目まぐるしく変更されていた。一期生の修学年限は二年で、卒業生は一八名であった。

四　私立東京農学校に改称

榎本武揚は大塚窪町に移転した翌年の明治二六年に育英黌創立当時からの関係者、伊庭想太郎、河村九淵、渡瀬寅次郎、長岡宗好、江間定次郎らに諮り、五月一一日に校名を育英黌分黌農業科から私立東京農学校と改称した。校主榎本武揚、校長伊庭想太郎である。改称した当時はまだ育英黌時代とその教育内容はかわっていない。明治二六年一二月二一日の私立諸学校年末調査表によれば、教員男五人、生徒男五〇人、卒業生徒一八人と報告されている。

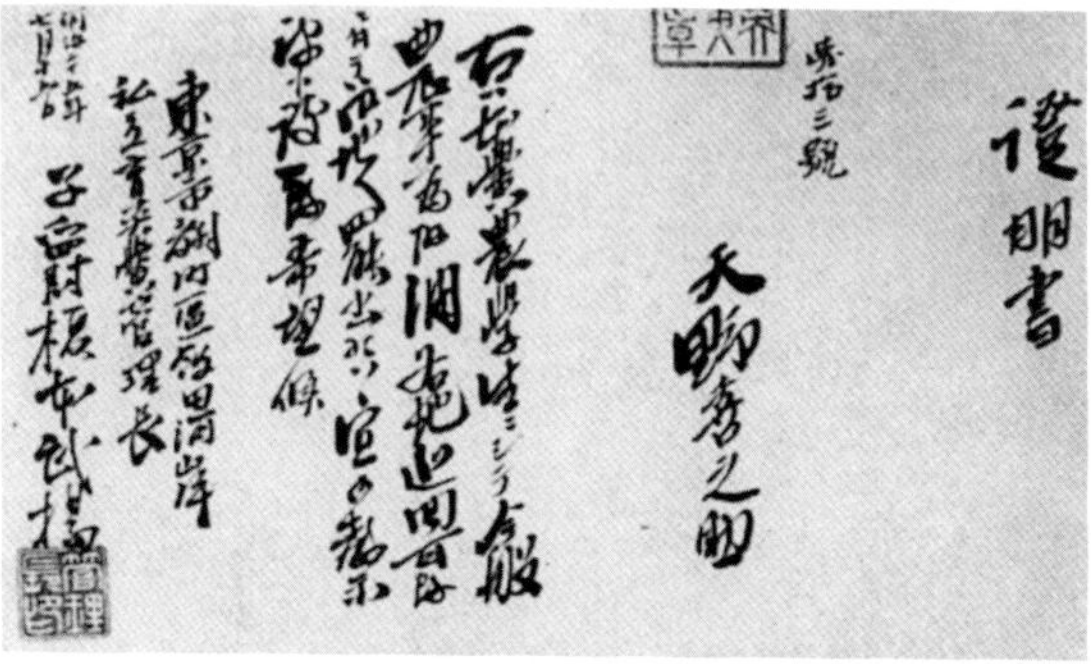

證明書

榎本管理長直筆の証明書

なお、一カ年の授業料総額九九〇円とある。教育制度の完備、教科内容の充実は明治二八年以降である。

明治二七年の教員は渡瀬寅次郎（農学士）、河村九淵（農学士）、長岡宗好（農学士）、江間定次郎（農学士）大岡忠良（旧陸軍教導団数学教官）、角田為吉（元山梨師範学校農業科教師）、飯郷八十吉（老農）らである。

教科内容は明治二六年七月一六日の第一期生学期末試験成績表からみると、化学、算術、物理、生理、養馬、動物、土壌、家禽、養豚、植物、農具、実習の一二科目である。残存している東京農学校の生徒ノートを見ると、例えば、「接木法」のノートとか「養鶏各論」のノートでは、図解を画き、ノートは実に丁寧、綺麗に書かれていて、生徒の熱心な勉強ぶりが伺われる。

また、農場実習の他に農家に派遣して実習もさせている。生徒が農家実習に行くときは、榎本管理長直筆で生徒の証明書を書いている（写真参照）。多忙な榎本が生徒に細かい気配りをしているのには敬服する。彼の実学思想は生半可なものではなかった。

東京農学校と校名を変えた翌年の明治二七年一〇月一五日に、榎本武揚は東京農学校を徳川育英会から譲り受け、以後東京農学校は独立経営の道を歩むことになる。あまり資金の潤沢でない徳川育英会に、これまで以上の負担をかけたくないこと、苦しくても自立して存続させようという榎本の強い意志によるものと思われる。

前述したように、当時は実業学校に関する教育制度は不備で、諸民学校規程しかなかったが、明治二六年一一月にようやく「実業補修学校規程が公布され、それに沿って「簡易農学校規程（明治二七年七月）が公布された。この簡易農学校規程は「小学校の種類トス」とあり、初等農業教育機関である。『東京農業大学七十年史』及び『東京農業大学百年史』では、明治二六年五月の東京農学校は主務官庁の認可をえ、ここに初めて公認農学校の体制を整えたとあるが、その年の五月はまだ、簡易農学校規程が公布されていなかったし、東京農学校は、既に簡易農学校以上のレベルで、後の明治三二年（一八九九年）制定の「実業学校令」に相当する中等農業教育機関のレベルであった。修業年限三年、年令満一四歳以上、高等小学校以上で、実業学校令による「農業学校規程」を先取りしたような農学校であった。

榎本武揚は多忙であった。育英黌を設立した明治二四年三月六日当時は、たまたま山県有朋内閣の文部大臣を辞任（明治二三年五月一七日）し、枢密顧問官に任命されていたが、忙中閑ありのときであった。育英黌を設立した二ヵ月後の五月に大津事件が起きた。これはロシアの皇太子が来日中に暴漢に襲われた事件である。政府はロシアとの外交悪化を心配し、謝罪使節を派遣することになり、榎本武揚はかつての駐露全権公使の経験をかわれ、特派大使有川宮威仁親王の随行を懇願された。しかし榎本は再三にわたり辞退するが、天皇・皇后からの依頼の御諚があり随行を決意し、五月一五日になって、ロシア政府から謝罪使節派遣に及ばずとの諒解を得て、派遣は中止となり随行の命は解かれた。

ほっと一息する間もなく、榎本武揚は五月二九日に第一次松方正義内閣の外務大臣に就任する。外務大臣を辞任したのは松方内閣が総辞職した明治二五年（一八九二年）八月八日である。明治二六年に東京農学校と校名を変更し、伊庭想太郎校長と共に学校発展策を練る頃は外務大臣を辞任し、議定官になっていた頃である。ところが、明治二七年（一八九四年）一月二二日第二次伊藤博文内閣が成立すると農商務大臣の激職に任命される。農商務大臣は、榎本が足尾鉱毒事件の責任をとって辞任する明治三〇年（一八九七年）三月二九日まで続く。

このように榎本武揚は明治政府の重要な閣僚として多忙だったため、東京農学校の運営の責任は、校長の伊庭想太郎の双肩にかかっていた。伊庭想太郎は思わしく斯道に乗らない東京農学校の運営を抜本的に改革すべく、榎本と諮り、東京農学校に評議員制度を設けることとした。明治二八年（一八九五年）四月のことである。改革を必要とした背景には生徒の教育内容の改善要望があった。これは結局生徒募集にも関わることであった。

それはどういうことかといえば、教師の陣容とその教育内容である。育英黌農業科から東京農学校になっても、教師の殆どは札幌農学校出身者で占められていた。これは、榎本武揚が北海道開拓使と深い関係があり、札幌農学校の開拓精神を高く評価していたことにある。また、幕臣で沼津兵学校の附属小学校を卒業して札幌農学校を卒業した渡瀬寅次郎が農学士としていたことなども理由の一つであろう。渡瀬寅次郎は札幌農学校の第一回生でクラークの直接の教え子である。彼は在学中に既に札幌独立協会を創設した大島正健や佐藤昌介などと共にキリスト教徒として、宣誓書に署名している一人である。

榎本の開拓精神の実践教育者として、札幌農学校出身の教員によって教育組織がつくられたが、彼等は畑作技術や大農論は教えられても、わが国の水田農業を主体とする水稲技術や小農に関する経営問題を科学的に教えることには無理があった。政府もようやく大農論から現実の日本農業の問題解決に眼を向けるようになりつつあった。役に立たない教育内容では生徒の不満が募るのも当然である。また、これは確かな証拠がある訳ではないが、榎本は東京農学校の生徒が札幌農学校出身の教員によってキリスト教に傾斜することを心配していたともいわれている。榎本、伊庭、後の横井時敬も全て武士道を人格形成の柱にしていた。

泰西農学から日本の水田農業に対して科学的な方法で成果をあげたのが駒場農学校出身で新進気鋭の農学者横井時敬である。横井時敬は「塩水選種法」の発明者であり、明治二七年に帝国大学農科大学の教授（三四歳）に就任している。後に東京農学校を東京農業大学にまで発展させる東京農業大学育ての親であるが、わが国近代農学・教育の始祖といわれている。

校主榎本武揚と校長伊庭想太郎は東京農学校の「重要な校務について審議する」ため評議員制度を設けたが、そのとき任命されたのが、横井時敬、沢野淳、押方則吉、豊永真理、長岡宗好、渡瀬寅次郎の六名である。渡瀬寅次郎を除きあとの五名は全て駒場農学校出身者である。駒場組の筆頭は駒場農学校農学科本科二期生優等生、駒場の麒麟児といわれる横井時敬である。

榎本武揚は評議員を任命するにあたり伊庭想太郎と共に事前に横井時敬を口説いている。それまで榎本武揚と横井時敬の接点はない。榎本武揚がどこで横井時敬を知ったかは興味のあるところである。竹村篤の『小説東京農大』によれば、横井時敬が読売新聞に東京農学校の学校騒動について、「東京農学校の経営者は腰が弱いなど」と書いたのがきっかけで、榎本が横井時敬の経歴を調べさせ一度会う気になったとある。料亭で会うことにし、伊庭校長に同行を求めたが、伊庭は読売新聞の横井の記事に腹を立てていたので、はじめは会おうとしなかったが、榎本が「横井という男は、井上さんに引っ張られて福岡の勧業試験場から農商務省に来て、農務局第一課長になったが、上役と喧嘩して辞めてしまった。以来浪人をしていたが、この七月に農科大学の教授になった。かなり向っ気の強い男らしい」。それで会う気になったというと、伊庭は「いま時、上役と喧嘩をして辞める役人がいるとは、その辺はちょっと見所がありますな」といって同席することになった。宴席では、横井と伊庭は激論をたたかわすが、横井のいうことがもっともということになり、このときから、榎本、伊庭、横井の信頼関係は強固なものとなり、横井時敬が評議員を引き受けることになったとある。また、榎本は札幌農学校の血を替えることによって東京農学校を再生しようとした。渡瀬寅次郎が評議員に残ったのは、唯一の幕臣であり、当時、横井時敬と渡瀬寅次郎は大日本農会の常置議員であった。竹村篤の小説の筋書きとは違うが、あるいは、渡瀬寅次郎が横井時敬を榎本武揚に引き合わせたとも考えられる。

東京農学校の評議員になった横井時敬が、真っ先に提案したのは、学制の整備であった。明治二九年四月に校長伊庭想太郎が小石川区長佐藤正興宛に提出した「東京農学校状況具申」に、その一端を見ることができる。

「本校ハ専門ニ農学ノ諸科即チ無機化学、物理、動物、植物、生理、鉱物、経済、農具、普通作物、畜産、園芸、算術等ヲ教授シ、傍ラ農業ノ学実際ヲ熟習セシムム故ニ学業時間ノ外、本校、田園ニ於テ生徒ヲシテ作業ヲ取ラシム。

一、　生徒ハ満三ヵ年ヲ以テ本科卒業ノ期トス。選科ハ其学科ニヨリ卒業年間ニ長短アリ。本科一年生ハ弐拾四人、二年生ハ拾四人、三年生ハ拾人あり。選科生徒ハ現八人トス。

二、　教員ハ農学士六人ヲ常ニ雇用シ、又実際上の作業ハ老農一人を雇用ス。

三、本年七月ニ於テ本科卒業の者拾弐人ヲ出ス。右卒業生ノ中地方ニ雇ハレタル者アリ。又ハ帰郷ノ上農業ノ実業ニ従事スル者アリ。
四、本校試験田園ニハ本邦並欧米各国ノ穀類、野菜、薬草、桑樹等ヲ栽培ス。
五、製茶養蚕等ハ其季節毎ニ専門ノ技師ノ教授ヲ以テ、生徒ヲシテ之カ製造又ハ飼養ニ従事セシム。
右、通り状況及具申候也」

学科課程は、

[第一年次] 人倫道徳の要旨、算術、動物、植物、無機化学、物理、農具、岩石土壌、作物、園芸、英語（随意）、農場実習。
[第二年次] 人倫道徳の要旨、代数、幾何、有機化学、経済大意、植物生理、作物、園芸、畜産、養蚕、作物害虫、林学大意、気象、英語（随意）、農場実習。
[第三年次] 人倫道徳の要旨、三角術、農業経済、土地改良、肥料、作物、畜産、植物、病理、測量、教育、英語（随意）、農場実習。

となっている。三ヵ年を通じて人倫道徳を取り入れたのは、横井時敬の提案であった。そして、横井時敬は自らこの科目を担当した。また、教頭の長岡宗好が明治二八年四月に退職し、駒場出身の本多岩次郎が後任に就いた。教務主任も江間定次郎から駒場出身の山田登代太郎に、九月には山田から同じく駒場出の小島銀吉に代わった。明治二九年三月に教頭本多岩次郎が評議員に委嘱され、後任に同じく駒場出身の小林房次郎が就任した。また六月には教務主任の小島銀吉が退職し、草鹿砥寅二、駒場出身の佐々木祐太郎が相次いで就任している。

学科制度、教科内容を充実させ、札幌農学校の血から駒場農学校の血へと進められた。このような改革にも拘わらず、生徒数は増加しなかった。右の状況具申書にあるように、明治二九年の在学生総数は五六人にすぎない。因みに当時の卒業生数を見ると、先に述べたように第一回の明治二六年は一八名、明治二八年の第二回生一四名（内選科二名）、明治二九年の第三回生一四名（内選科四名）、第四回生明治三〇年九名（内選科二名）であった。なお、明治二七年は卒業生を出していない。それは明治二五年にそれまでの修業年限二年を三年にしたからである。

独自で学校経営を行なわねばならなかった私立東京農学校の経営は、この学生数ではやっていけず、資金的に行き詰まった。榎本の力をもってすれば、実業界からの資金援助を受けられたであろうが、榎本はそれを避けた。榎本は当時、殖民協会の会長としてメキシコ移民団のための資金集めにも奔走しており、それも思うようにいかなかったときである。榎本武揚は将来の東京農学校の経営の見通しがないこともあって廃校を決意するにいたる。校長伊庭想太郎も万策尽きた。在校生は帝国大学農科大学乙科に移籍する案まで検討された。

五　榎本武揚　東京農学校を大日本農会に委譲

校主榎本武揚、校長伊庭想太郎は東京農学校の経営行き詰まりを打開する方策を見出せず、廃校を決意し、評議員会に諮った。評議員横井時敬は断固廃校に反対した。後年、近代農業教育の始祖といわれる横井時敬は、東京農学校に対して、帝国大学農科大学にはできない農業教育の夢を持ち続けていた。駒場の農科大学の卒業生の殆どは、官吏、教員、農業試験場などに就職し、農業経営の主体者たる農業後継者になるものは殆どいなかった。

横井の信念は、農民の教育であった。農業後継者、農村リーダーの養成こそ農業教育の本道であり、農学は農民の経済的福祉に貢献する学問でなければならないというものであった。そして、横井は熊本洋学校でL・L・ジェーンズから近代農学

大日本農会、現三会堂ビル

に触れ、実学主義思想の持ち主であった。横井は榎本武揚の建学の理念と実学主義に同感したがために評議員を引き受け授業も担当してきたのである。官学のような堅苦しい学校ではなく、私学の良さをこの東京農学校に見出していたのである。

　横井時敬の廃校反対の理由はそればかりでなかった。横井は卒業生にとって母校が無くなることが、どれほど悲しいことであるかを身をもって経験していたのである。横井時敬は肥後細川藩の中流武士の子として万延元年（井伊大老が桜田門外で暗殺された年）に生まれているが、細川藩は実学党の意見を入れ、藩校自習館にかわって、明治四年九月にL・L・ジェーンズを招いて白川洋学校（熊本洋学校）を開校する。横井時敬は五〇〇余名の公募者の中から合格者五〇名の一人となった。若干一一歳で最年少で入学した。四年間の学業で、横井は英語での授業をマスターし、ジェーンズの数学、物理、化学などの基礎をみっちり習得すると共に、国力の源泉は殖産興業にあることを確実に修得し、ジェーンズの近代農業の実践に多くを学んだ。第一回の卒業生は厳しいジェーンズの教育をマスターした横井時敬を含む一一名であった。卒業後横井時敬はジェーンズの助手として後輩の育成に協力した。しかし、熊本藩の実権は守旧派に握られ、熊本洋学校は明治九年（一八七六年）八月廃校となる。

横井時敬は熊本洋学校の第一回生として、また、ジェーンズの助手として、母校の廃校を目の当たりにし、在学生の多くが学業途中でやめたり、他校に転校を探したりしている悲運に同情すると共に、自分の助手としての職業まで失った経験から東京農学校の廃校に反対したのである。

横井時敬の東京農学校の廃校反対にあい、榎本武揚はしからば存続の具体的方策ありやと問うたところ、横井はわれに秘策ありとして自分の考えを述べた。それは当時わが国唯一の民間農業団体である大日本農会に経営を委ねてはどうかということである。榎本武揚は大日本農会のことは勿論承知していたので、横井の案に賛成し、大日本農会の交渉を横井ら大日本農会に関係する評議員に一任した。

ここで、大日本農会のことに触れておく。大日本農会は明治一一年以降、各地に自然発生的に老農や精農によってできた農談会、談農会を基礎に、政府当局(内務省勧農局)が明治一四年三月、第二回内国博覧会が東京で開かれる機会に、浅草本願寺でわが国最初の全国農談会を開いた。これが大日本農会設立の一つのきっかけになった。また、明治一四年三月、勧農局は全国ベースの「勧農諮問会議」(各府県の勧業係が中心)を開催して、政府の勧農政策やその実施方法などについて討議しているが、この勧農諮問会議が大日本農会設立の他のきっかけになった。

この二つの会議を契機に大日本農会は英国王立農会に範をとり、明治一四年三月、わが国の農事改良を目的とする民間の唯一の全国農業団体として設立されたのである。会員は老農、混同会(駒場農学校現業科卒業生の会)、開農義会(勧農官僚を中心とした民間団体)などからなり、産・官・学一体の組織であった。設立総会は明治一四年四月五日、東京芝の紅葉館において行なわれた。会頭(時代により総裁)は代々宮家がなり、初代は北白川宮能久親王殿下である。なお、大日本農会は大正五年に社団法人となり現在も続いている。現在の総裁は桂宮宜仁親王殿下である。

大日本農会は幹事長、幹事などの役員の他に重要事項を審議するための機関として「常置議員会制度」。また調査・普及のために「農芸委員」制度がそれぞれ設けられている。この農芸委員制度は今日も続いている。さらに大日本農会は農事改良の記事を主体とした機関紙として『大日本農会報告』（現在の会誌『農業』）を毎月発行している。また、表彰制度が明治二七年から始まり、毎年農事功績者に対して「緑白授有功章」が総裁から授与されている。

横井時敬は、自分の発明した「塩水選種法」を『大日本農会報』、第一四号（明治一五年八月）に掲載し、明治二二年二月、若干二九歳で大日本農会幹事、農芸委員となっている。東京農学校を大日本農会に委譲させる交渉を引き受けたときは、横井は大日本農会の常置議員会議長職にあった。横井は早速大日本農会幹事長にこの議案を常置委員に諮るように要請し、明治二九年一二月一七日、常置議員会を招集し、「今回、子爵榎本武揚から東京小石川区大塚窪町所存の東京農学校校舎並びに付属器具一切と、その経営を本会に寄付されたことにつき、本会はこれを付属東京農学校として事業を引き継ぐこと、及び右に関してその調査並びに処理に関し、沢野淳、渡辺朔、小林房次郎、渡瀬寅次郎、横井時敬の五氏を委員に選挙し、附属東京農学校を経営する」を諮り議決された。東京農業大学七十年史及び『東京農業大学百年史』では、この議決はすんなり決まったわけではないと書かれているが、当時の大日本農会報をみると、満場一致で議決されたことが記されている。

こうして、あわや廃校となる運命にあった東京農学校が、横井時敬によって大日本農会附属東京農学校として再生することになったのである。明治三〇年一月一五日、大日本農会は附属東京農学校の職制を制定し、横井時敬を教頭（校長不在）に任命した。同日、伊庭想太郎、豊永真理、岡毅、本多岩次郎、小林房次郎、渡辺朔、渡瀬寅次郎、横井時敬、長岡宗好、沢野淳を商議員に委嘱して新体制を整えた。翌一月一六日、東京農学校の全部を大日本農会に移管する手続きを完了し、明治三一年八月一八日、主務官庁から、校主榎本武揚の辞任、小笠原金吾の本校設立者代表に就任の許可があった。その後の東京農学校は専門学校令による東京高等農学校、大学令による東京農業大学と横井時敬の獅子奮迅の努力によって発展していくのである。その陰には横井時敬に献身的に協力した駒場農科大学の教授が多勢いたことを忘れてはいけない。

大日本農会が、東京農業大学を経営したのは明治三〇年（一八九七年）から大学令による財団法人東京農業大学になる大正一四年（一九二五年）五月一八日までの二八年間である。大日本農会が大学令による東京農業大学の経営母体にならなかったのは、恐らく大日本農会が大正五年に既に社団法人になっていたためと思われる。

参考文献

『東京農業大学百年史』 平成五年 学校法人東京農業大学
『大日本農会報告』 明治三〇年 大日本農会
『榎本武揚』 昭和五八年 旺文社
『稲のことは稲にきけ』 金沢夏樹・松田藤四郎編 平成八年 家の光協会
『日本農業教育史』 碓井正久監修・高山昭夫著 一九八一年 農村漁村文化協会
『大日本農会第百九拾七号』 明治三一年二月号 大日本農会
『小説東京農大』 昭和五五年 楽遊書房
『大日本農会百年史』 大日本農会

東京農業大学草創期の主役たち

育英黌は榎本武揚の強い意志によって創立された。設立母体は徳川育英会であった。当然、設立に関わった人々は旧幕臣であった。ここでは黌主榎本武揚、初代黌長永持明徳、東京農学校校長伊庭想太郎の三氏についてまず述べる。次に、育英黌農業科時代の教師陣は全て札幌農学校出身者であったが、その代表として渡瀬寅次郎を取り上げる。最後に、明治二八年から東京農学校の評議員となり、学制改革に取り組むと共に、廃校寸前の東京農学校を大日本農会附属東京農学校に再生させた立役者で、東京農業大学育ての親横井時敬を取り上げる。

一　東京農業大学生みの親
科学者　榎本武揚

榎本武揚の波乱万丈の一生については、本書のところどころで取り上げるので、ここでは科学者榎本武揚に焦点をあててみたい。榎本武揚は箱館戦争後、明治新政府の高官となるが、その学識の広さ、国際感覚は第一級で他の追随をゆるさなかった。学者になったとしても鉱物学、蒸気機関学、測量学、気象学、数学、化学、植物学などは大学で教えるぐらいの知識は持ち合わせていた。しかし、榎本武揚の本領は基礎学を修めた後の応用技術の開発にある。

榎本武揚はどちらかといえば、理数系の頭の持ち主であった。先天的な面は両親からのいまでいう遺伝子を受け継いでいることである。武揚の父は箱田円兵衛武規《たけのり》である。円兵衛は箱田円右衛門直知の次男として、備後(広島)箱田村郷士の子として生まれ、名を真与、通称良介と呼ばれていた。若い頃頭がよかったので、藩主に随行して江戸にのぼった。

当時は北辺の警備や北国の探検、沿岸測量が急務の時代で、幕府は旧式の天文学では役に立たないことを知り、新しい天文学や歴法の学者を天文方に採用していた。武揚の父箱田良介は江戸に着くと、この学問を志し、当時の有名な天文学者高橋景保や伊能忠敬について学び、文化年間に伊能忠敬の内弟子になり、忠敬の実地測量を手伝っていた。良介は数学の才能があったので、この道に上達した。そして文政元年榎本家の株を買ってその娘の夫として養子になり、名を円兵衛武規と改め旗本の身分になった。榎本家は武蔵の国の郷士として幕府の御徒衆の身分で代々徳川家に仕えていた家柄である。

旗本の身分になった榎本円兵衛武規は、幕府天文方出仕を命ぜられ歴法の研究に従事した。武揚の頭の良さと科学技術者としての素質は、この父から受け継いだものである。父は最初の妻が長女を産んだ後、病死したので後妻をめとった。これが武揚の実母(こと)である。武揚は天保七年(一八三六年)八月二五日、円兵衛の次男として江戸下谷御徒町柳川横町、通称三味線堀の組屋敷で生まれた。武揚の幼名は釜次郎である。和泉守榎本武揚と名乗るのはオランダ留学から帰国(一八六七年三月二六日)し、軍艦乗組頭取(艦長)を命ぜられたときからである。余談だが釜次郎の兄は鍋太郎、次男釜次郎と名をつけたのは父円兵衛である。人が生きていくためには鍋、釜

生誕地三味線堀（現小島一丁目五番）

は必要であるということから長男を鍋太郎、次男を釜次郎と命名したといわれる。父円兵衛も相当洒落気の男だったようである。なお、武揚を愛し一生武揚の面倒をみた姉の名前は「らく」である。楽して暮らせよの意味であろう。また、武揚と名乗るようになったのは父武規の一字を取り入れたのであろう。和泉守となったのも生まれた近くの伊庭道場が和泉橋通りにあったので、それを使ったのではないかと思う。号は生まれ地の隣りが筑後柳川藩の邸宅だったので「柳川」と号したが、柳川は柳川鍋に通ずるというので「梁川」と改めた。武揚も父に似て相当洒落気のある江戸っ子であった。

それはともかく、榎本武揚の科学的才能が形成されるようになるのは、彼の長崎海軍伝習所時代からである。榎本釜次郎は長崎海軍伝習所の二期生である。一期生には勝麟太郎（海舟）がいる。勝麟太郎は二期生の面倒を見るために長崎に残っていた。勝と榎本の出会いである。榎本二一歳、勝三五歳のときである。二年間同じ釜の飯を食い苦楽を共にした仲で、勝は榎本の才能を認め一番弟子として可愛がり、榎本は勝を兄貴分として尊敬していた。

長崎海軍伝習所の教師は全てオランダ軍人であった。練習船はヤッパン号（咸臨丸）である。釜次郎の専攻は蒸気機関学で、顔をすすだらけにしながら罐焚をした。蒸気機関学の基礎学、物理学、数学、そして操練術の基礎の測量学、天文学など未知の学問に熱中した。そればかりかオランダの医官ボンペから舎蜜学（化学）をも教わった。オランダ語と英語は江戸の江川塾で、オランダ語を江川太郎左衛門から、英語は中浜万次郎から教わっていたが、長崎海軍伝習所では全てオランダ語であり、釜次郎の語学力もめきめきと上達した。ともかく、釜次郎は長崎にきて水をえた魚のように生きいきと勉強に熱中した。オランダ士官で伝習所の教育責任者であるカッテンディーケは榎本釜次郎の勉強振りを高く評価し、彼の「長崎海軍伝習所の日日」で、釜次郎のことを「ヨーロッパでは王侯といえども、海軍士官となり、船上生活の不自由を忍ぶということは、決して珍しいことではないが、日本人、例えば、榎本釜次郎氏（武揚）のごとき、その先祖は江戸において重い役割を演じていたような家柄の人が、二年来一回の火夫、鍛冶工および機関部員として働いているというがごときは、まさに当人の勝れたる品性と、絶大なる熱心を物語る証左である。これは何よりも、この純真にして、快活なる青年を一見すれば、すぐに判る」とべた誉めに誉めている。

榎本釜次郎の科学者としての才能はオランダ留学で開花する。幕府留学生第一号としてオランダ留学に選ばれたのも、この長崎海軍伝習所の熱心な勉強振りが認められてのことである。榎本釜次郎のオランダ留学は文久二年（一八六二年）九月一一日（長崎港出港）から慶応三年（一八六七年）三月二六日（横浜港到着）までの足掛け五年間で、釜次郎二七歳から三二歳までの間である。幕府より命ぜられた榎本釜次郎の専門は船具、運用、砲術、機関学である。長崎海軍伝習所の教官カッテンディーケは海軍大臣になっており、医師ポンペなどが留学生の面倒をよく見てくれた。榎本釜次郎、内田恒次郎、沢太郎左衛門、赤松大三郎、田口俊平の五人の海軍組はハーグの海軍兵学校で学ぶことになった。榎本釜次郎は、機械専門ということで器械商の家で下宿した。榎本はこの下宿でモールス信号の電信器を買い、猛烈に練習してマスターした。これが後の逓信大臣になるきっかけでもあった。先年（二〇〇〇

長崎の出島で訓練する伝習生

年九月)彼の下宿を尋ねたが、建て直されていた。

榎本釜次郎は海軍大尉ディーノーから船舶運用術、砲術を、海軍大佐ホイヘンス(王立蒸気機関局監査官)から蒸気機関学を学び、時間あるときはフリデリックスとスチュルテルハイム両教授から化学を学んだ。こうして榎本釜次郎は軍艦に関わる諸学科とその基礎学である理数系の学問をマスターして、さらに近代工業の基礎となる化学をみっちりと勉強したのである。また電信機の構造の基礎学と操作に熟練した。

榎本武揚は自然科学に興味をもつと同時にその応用技術に重きをおいた。学問は実用のために必要なものである

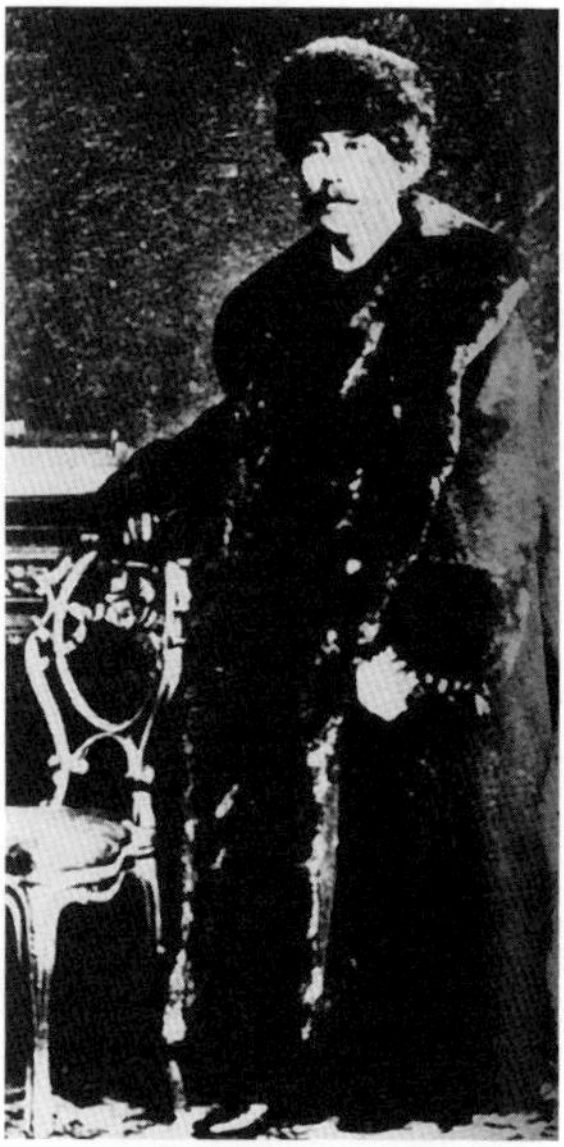

樺太問題処理のため特命全権公使としてペテルブルクで。

という実学主義が榎本の科学に対する姿勢であった。榎本武揚が箱館戦争に破れ敗軍の将として東京辰ノ口牢屋に入っているときでも、石鹸、ローソクを作ったり、雛の孵卵器を製作したりしている。そのため、英語の化学書を福沢諭吉に依頼して家族から差し入れてもらったが、あまりにも幼稚な化学書だったので、天下の福沢たるものがこれしきのものしか知らないのかとがっかりしたという。榎本武揚の化学知識は福沢諭吉などはるかにおよばなかったようである。

理数系榎本の才能を述べたが、榎本は文系的才能も持っていた。まさにエンサイクロペディアといわれた所以である。榎本武揚の科学的知識と実学思想による殖産興業の夢が育英黌の設立に対する情熱であった。

流星刀

榎本武揚は何事につけ好奇心、探究心の強い持ち主であった。普通なら海軍軍人で終わったであろうが、この好奇心、探究心の強さがあらゆる知識を吸収した原動力であろう。科学者榎本武揚の面目躍如たるものに隕石の分析と流星刀の作成がある。榎本武揚は明治二三年四月富山県上新川郡稲村大字白萩村を貫流する上市川上流の砂礫から発見された、隕石を拾った者が何であるかを知らないで、沢庵の押石にしていたものを人の手を経て手に入れ、二振りの刀を作りそれを「流星刀」と名付け、一振りを皇太子に献上している。彼の隕石(星石)に関する文献調査、実物の鑑定、刀の

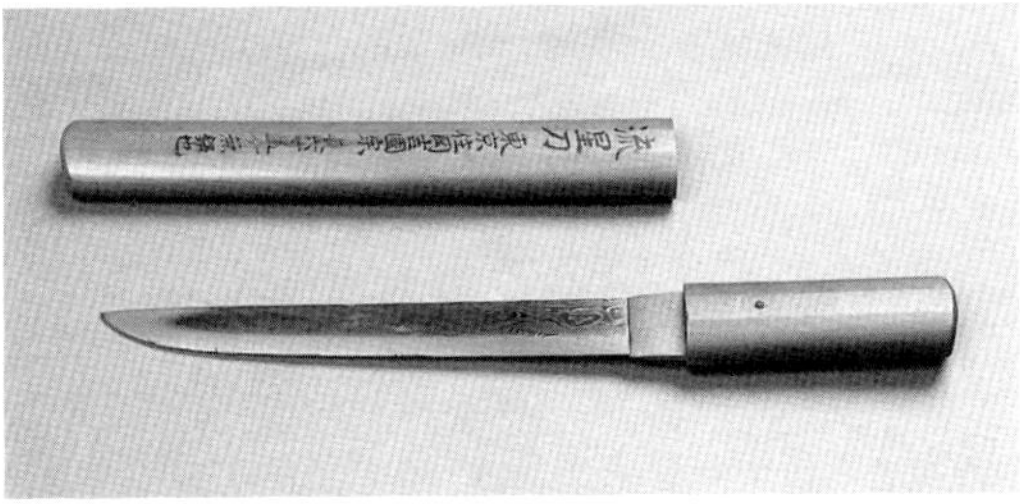

流星刀

製法など、彼の科学者としての目の確かさを伺わせる榎本直筆の文章である。以下全文を紹介する。

流星刀記事

流星刀ノ記事

流星刀トハ星鉄ヲ鍛練シテ造りシテ刀ナルヲ以テ此名ヲ命ゼリ、星鉄トハ空際ニ方リ異常ノ光ト響ヲ発シテ稀レニ我ガ地球上ニ隕チ来レル鉄魂ヲ云フ、即チ其実ハ一小天体トモ称スベキ者ニシテ我ガ地球上ノ産物ニアラズ、此種ノ小天体ニシテ其質重モニ石ヨリ成レル者ヲ洋名「スポラド・シデライト」ト云フ、左伝所謂隕石ナル者ニシテ今改テ之ニ星石ノ名ヲ付ス、又其質専ラ星ヨリ成レル者ヲ洋名「ホロ・シデライト」ト云フ、本邦気象家ノ隕鉄ト仮称スル者ニシテ漢名ナシ今之ニ星鉄ノ名ヲ付ス、以上ノ二物ヲ総称シテ洋名「メテオライ」ト云フ、茲ニ特に記臆スベキハ「メテオライト」ナル者ハ空際ヨリ我ガ地球上に隕チ来リテ其原質ヲ存スル者ニシテ之ト同根源即チ同物体ニシテ英語「シューチング・スター」射星又ハ「フアヤーボール」火球等ト称スル者アレドモ此等ハ何レモ空際ニ一条ノ光ヲ放チ現出シ瞬間ニ消滅シテ跡ナキ者ナリ、是レ畢意其物体極テ小ナルヲ以テ我ガ空気中ニ入来ル時酸素ノ化学力ニ由テ全体悉く酸化シ砕テ粉飛シ更ニ把握スベ（キ）跡ヲ遺サザルモノナリ、今便宜ノ為メ「メテオライト」及ビ射星火球等ヲ総括シテ之ニ流星ノ名ヲ付ス

〔注〕本分ニ火球ト称スル者ハ流電気ノ変体ニ由テ成レル彼ノ翩々徐飛スル火球（俗ニ人魂《ヒトダマ》ト称スル者）ニアラズ

天文家刻苦多年ノ研究ニ由テ前記ノ現象即チ流星ナル者ハ共ニ均シク太陽ノ周囲ニ軌道ヲ有シテ廻転スル幾億万ノ小天体ナル事ヲ慥メ得タリ、只其軌道ハ我ガ地球又ハ他ノ流星ノ如キ太陽ヲ以テ中心トセル正円線ニアラズシテ太《(ママ)》低楕円若クハ抛物線《パラボリック・ライン》ヲ作ッテ廻転スル事猶オ夫ノ慧星の軌道ノ如ク而シテ其会マ我ガ地球ノ軌道ト相交叉スル時ニ際シ彼等固有ノ非常ナル速力ヲ以テ我ガ地球ノ空気ニ触レ摩擦変ジテ赤熱トナリ茲ニ始テ光ヲ放チテ吾人ノ眼ニ入リ来ルナリ

流星中ニ就キ無数群ヲ作シ相連続シテ其軌道ヲ廻転シ或ル定期ヲ経テ我ガ地球ト交叉スル者アリ又ハ相連続セズ各自点々散布シテ廻転シ毎年我ガ地球ト交叉スル者アリ、前者即チ定期ヲ経テ現出スル者ハ最モ吾人ニ奇観ヲ与フル事アリ天文家之ヲ称シテ星雨ト云フ和漢ノ史乗ニ星隕如雨ト記スル者即チ是ナリ、天文家実験ノ年暦計算ニ拠ルニ右ノ定期ニ十三

ケ年ヲ隔ル者アレドモ其三十三年三ケ月ヲ隔テ現出スル者ハ殊ニ偉観ヲ呈スト云フ、其最近ノ一例ハ千八百六十六年十一月十四日（慶応二年十月八日）ニシテ此夜諸流星ハ我ガ地球上ヨリ凡ソ七十五哩ノ高所ニ現ハレ空中ヲ斜行スル事四十乃至五十哩ニ及ビ遂ニ五十哩ノ高所ニ於テ消滅シ更ニ響ヲ発セズ又一魂モ我ガ地球上ニ隕下セザリシト云フ、此種ノ流星ニシテ次期ニ現出スベキハ千八百九十九年（即チ明治三十二年十一月十三日前後タル可シト云フ、蓋シ星雨ノ時ニ於ル流星ノ多数ハ其大サ穀粒ニ過ギザルヲ以テ須臾消滅シテ跡ヲ遺サザルヲ常トスレドモ稀レニハ我ガ地球上ニ隕下シテ其重量一噸（我ガ弐百七十貫九百五十匁余）ヲ超ヘシ者アリ、千八百八十六年（明治十九年十一月二十七日）墨斯哥国「マザピル」地名ニ隕下セシ者ノ如キ異例アリ又流星ノ軌道全ク我ガ地球ト交叉セザルヲ以テ吾人ノ見ルヲ得べカラザル者亦多カル可ク又ハ一定ノ期限ナク突然我ガ空気中ニ進入シ来リ非常ノ光ト響ヲ発シ隕下スル者アリ星石星鉄ハ重ニ此類ニ属スト云フ

抑モ晴夜月ナキニ乗ジテ空際ヲ仰ゲバ往々一時間ニ八個若クハ十個ノ流星ヲ見ル事尠カラズ、「ドクトル・シミツト」氏ハ自家ノ観測ニ基キ大約十四個ノ流星ヲ算セシ事アリ、一観測者ヨリ大空ノ全般ヲ見ル能ハズ故ニ「ニウトン」博士ハ全地球上各所ノ観象台ニ於ル観測ヲ蒐集シテ一日間ニ我ガ空気中ニ進入スル光体即チ流星ニ外ナラズノ数ハ弐千万ニ下ラズト算セリ、然ルニ是ハ肉眼ニテ見タル数ナルヲ以テ若シ望遠鏡ニ由テノミ観測シ得べキ者ヲ加フレバ其数固ヨリ之ヨリモ多キハ論ヲ俟タズ殊ニ前記星雨ノ時ニ際シ一観測者ニシテ能ク一時間ニ数千ヲ数ヘシ者アリト云フ

流星ノ宇宙ヲ飛行スル其数実ニ幾億兆タルヲ知ル可ラズト雖ドモ其我ガ地球上ニ隕チ来リテ吾人ノ手ニ入リシ者即チ星石又ハ星鉄ナル者ハ極テ小数ニシテ平均一ケ年四五魂ニ過ギズト云フ、斯レバ大海ノ一滴ヲ以テ比スルモ過言ニアラザル可ク殊ニ星鉄ニ至リテハ星石ヨリモ極テ稀ナリト云フ

嘗テ流星ノ観測所ヲ数里相隔リタル各地ニ設テ経験セシニ流星ノ現出ハ通例我ガ地球上四十乃五十哩ノ高所ヨリ始マルト云フ、又流星ガ我ガ空気中ニ進入スルヤ一団ノ火球忽ち空際ニ現ハレ続テ一条ノ光線ヲ遺ス、此ノ光線ハ日中ニテモ数里外ヨリ認メ得ベク又夜中ナレバ一個ノ流星能ク一県ヲ悉ク明ラカナラシムル者アリト云フ

往古ヨリ我ガ地球上ニ隕チ来リシ流星即チ「メテオライト」ハ其大サ区々ニシテ、小ナル者ハ砂礫ノ如キアリ、大ナル者ト雖ドモ未ダ一立方「メートル」（我ガ一尺三寸）ニ達セシ者ナク是迄知渡リタル星石中ニ就キ最モ重シト称スル者ハ「クニアヒンヤ」地名ニ隕チシ者ナレドモ其重量ハ二百九十四「キログラム」（我ガ七十九貫余）ニシテ其容積ハ凡ソ〇、〇八四立方「メートル」タリ

〔注〕此説ハ前記墨斯哥国「マザピル」地名ニ隕下セシ星石ト叶ハズト雖ドモ此レモ亦西書ニ記載スル者ナルヲ以テ参考ノ為メ扞録セリ

星石ハ常ニ一ノ容皮アリテ通例深黒色ニシテ偶マ光沢アル者アリ又ハ表面酸化鉄ノ薄片ヲ以テ覆ヘル者アリ、其形状ニ於ルモ亦一様ナラズ或ハ球状ヲ為ル者アリ又ハ角稜ヲ有スル者アリ、而シテ其角稜は空気中ニテ熔解セシ為ニ扁平トナリシ者多シ星鉄ノ形状モ亦一様

ナラズト雖ドモ之ハ鎚ニテ撃ツモ砕ケズ鑢ヲ以テ其面ヲ摩スレバ直チニ金属ノ色ヲ現ハス、要之星石星鉄共ニ其根源ヲ尋ヌレバ一個ノ大ナル天体ノ破裂ニヨリテ生ジタル者ナルハ疑ナシ博士「ドーブーリ」氏ノ説ニ拠レバ太陽系中今日吾人ノ知レル諸遊星ノ外ニ更ニ一個ノ天体アリテ内部ノ比重ハ外部ノ皮殻ヲ為セル物質ノ非重ヨリモ重キ事猶我ガ地球ノ如ク、従テ外部ハ岩石質ヨリ成リ内部ハ之ヨリモ重キ金属殊ニ鉄ヨリ成レル者アリト然ラバ則チ斯ル天体ノ破裂ニ由テ生ジタル一小天体トモ称スベキ流星ニシテ単ニ石質ヨリ成レル者ト石鉄混淆シタル者ト専ラ鉄質ヨリ成レル者アルハ明白ノ理ナリ

英国「サウス・ケンシントン」（地名）ニ在ル大英博物館ニハ星石及ビ星鉄ノ完備セル陳列品アリ而シテ該館刊行ノ説明書ニ拠バ古代ニ於テハ星石及ビ星鉄ヲ以テ神トシ事ヘシ事アリ、彼ノ「フヒリチヤ」（国名）ニ隕チタル星石ハ国家ノ幸福ヲ禱ル為紀元二百四年前（我ガ孝元天皇十一年）羅馬ニ遷サレタリヌ「エフエシヤ」人ノ所謂「ヂヤナ」ナル神体モ亦流星《メテオライト》タルヤ疑ナシ此二物ハ今其行ク所ヲ知ラズ、現今最モ古シト称セラルル星石ハ「アルサス」州ノ「エンシ・ハイム」寺ニ鉄鎖ヲ以テ釣下ゲ存セリ此星石ハ千四百九十二年十一月十六日（我ガ明応元年十月十七日）高響ヲ伴フテ同所ニ隕チ来リシ者ニシテ其重量ハ二百六十封度（我ガ八貫六百七十六匁八分）タリ、此種ノ旧史ヲ省キ近代ノ記事ニ遷レバ千八百三年（我ガ享和三年三月五日）「ノルマンジー」国「レ・エイグル」（地名）付近地方ニ三千ノ小星石隕下セシ事千八百十二年（我ガ文化九年）「ボヘミヤ」州中「スタンナルツ」（地名）ニ二百ノ小星石隕下セシ事千八百四十三年九月十六日（我ガ天保十四年八月三十二日）「チユリンヂ

ヤ」（地名）ニ一大星石ノ隕下セシ事千八百六十六年六月九日（我ガ慶応二年四月二十五日）「ハンガリー」（国名）ニ同じク一大星石ノ隕下セシ事千八百七十六年四月二十日（明治九年四月二十日）英国「シロップ・シャイヤー」県「ロウトン」（地名）ニ一個ノ鉄磈隕下セシ事千八百八十一年（明治十四年）三月十四日同国「ヨーク・シャイヤー」県「ミヅルスボロフ」（地名）ニ三封度八「オンス」（我ガ四百二十三匁三十六）ノ一星石隕下セシ事等アリ、其他隕下ノ時代明カナラズシテ後来拾ヒ得タル者亦尠ナカラズト云フ

本邦ニ於テ発見セシ星石ノ略記

上野博物館ニ陳列セル本邦発見ノ星石中最モ大ナル者ハ距今四十八年前即チ嘉永四年五月五日ノ暁頃岩手県下気仙《ケセン》郡気仙村長部《オサベ》小字丑沢ナル長円寺ノ門前ニ隕下セシ者ニシテ当時漁夫ノ海上ニ在リシ者西北ノ天ニ方テ一抹ノ黒雲東南ニ向テ疾走スルヲ認メ須臾ニシテ百雷ノ轟クガ如ク響アリテ何物カ地上ニ墜チシ如ク覚ヘタリト而シテ村民等ハ長円寺門前ノ水田ニ沿ヘル小径ノ傍ニ深サ数丈ノ直坑ヲ発見シ土ヲ除キテ此石ヲ得タルト云フ、此石最初重量ハ三十六貫アリシモ村民等追々ニ摧キ去リ現ニ博物館ニ存スル者ハ重量二十七貫ナリト云フ又同館ニ貯蔵スル他ノ石ニハ（明治十三年但馬国ニ隕シ少者アリ）明治十五年三月十九日肥前国杵島郡福富村ニ隕チシ者アリ、此ハ重量一貫七百匁ナリ同十九年十月二十六日午后三時大隅国菱苅郡重留村ニ隕チシ者四個アリ共ニ小磈ナリ、此他予ガ親見セシ星石中ニ就テ最モ有名ナルハ貴族院議員子爵鍋島直虎氏ノ珍蔵セル所謂七夕《タナバタ》石ナル者ニテ同家ノ所伝ニ拠レバ此石ハ元文六年即チ寛保元年四月二十五日（今ヨリ二百四十七年前）同家ノ旧

領地肥前小城郡晴田《ハルダ》村字竹曲《タケマガリ》ト称スル一小村落ノ田圃中ニ隕チシ者ニテ延享元年十一月七日同家ヨリ之ヲ福智院護摩堂ノ院番慈勝房ナル者ニ預ケ之ヲ堂内ニ安置シ毎月七月七日ニハ之ヲ祭リテ公衆ニ拝セシムルヲ例トシタル由、此ノ星石ハ(前記ノ年日同時ニ凡ソ十個許リ大響音ニ伴テ空中ヨリ隕下シセシガ就中四個ヲ発見シ而シテ二ヲ同家ニ納メタルナリ)旧ト大小二魂アリテ大ノ方ハ重量一貫六百匁(五、六キログラム)小ノ方ハ一貫百五十匁(四、六キログラム)ニシテ小ノ方ハ先年同家ヨリ英公使「バークス」氏の請ニ応ジ英国博物館ニ寄贈シ現ニ同館ニ存スト云フ、此二石ノ比重ハ三、六ニシテ石中ニ含メル金属ノ類及ビ其他ノ記事ハ東京大学理科大学教師「タヰウアー」氏ノ報告書ニ存セリ、又明治三十年四月発行ノ気象集誌中ニ流星ト題シテ下文ノ記事アリ云ク本年三月八日愛知県管内ノ空中ヲ飛行セシ火球ニ就テ名古屋測候所ヨリノ報告ニ拠バ一昨二十八年三月四日午前十時ニ現出シタル者ト粗ボ同一ノ景況ニシテ即チ流星ノ運行ナル者ノ如シ其二十八年ニ於ル者ハ東海道ヨリ四国九州ニ亙ル広域ニ拡リ形状亦巨大ニ且ツ四国辺ハ凄ジキ響声ヲ聞キタル等ニ比スレバ今回ノ流星ハ遥ニ及バサル者ニシテ其区域ノ如キモ畿内能美ヨリ信遠駿相総武ノ地方ハ孰レモ之ヲ認メタル風説サヘナキ旨ヲ報ジ他ノ府県ニテモ亦之ガ風聞ナシト雖ドモ甲斐国北巨摩郡ニハ之ヲ目撃シタル者アリ而シテ愛知県ハ殆ンド全管内ヲ通ジテ之ヲ認メタリ、中略而テ其飛行中尾三両州ヲ過ル頃ハ比較的地上ニ付近タルニ相違ナシ、中略又其形状ハ椭円形又ハ杓子形タリトノ説アレドモ円形ナリト報ズル者多シ其大サニ至テモ諸説不同ナレドモ折中スレバ凡ソ一尺位ノ光球ニ認ラレタルガ如く而シテ其球色ハ赤銅ニ類シ其光沢ハ薄弱ナリシト云フ者多キヲ占ム、中略三河地方ニテハ遠雷ニ似タル響声ヲ聞タレドモ尾張部内ニテハ聞カズト報ズル者多シ、中略而シテ其飛行ノ際白色ノ長尾ヲ曳キ中天ニ同色ノ雲烱ヲ留メタルハ各所一般ニシテ長サハ五丈位ニ見ヘタリト云フ、又本年三十一年六月三十日大坂測候所ヨリノ報ニ云ク本日午前二時十八分中天ニ閃光アリシモ暫時ニシテ其方向ヲ見ルニ由ナリ只大坂市中ニテハ非常ノ鳴動アリテ戸障子ニ響キ渡リ安眠中ノ者一驚ヲ喫シタル由是レ疑モナク流星ノ隕チ来リシナルベシ云々、又同件ニ付七月二日ノ日ニ新聞ニ云ク（三十日午後二時和歌山発）本日午前二時十五分大ナル流星西ヨリ東ニ飛ビ其響キ大砲ノ如シ云々、偖此他猶オ流星ニ就テハ気象集誌及ビ新聞紙等ヲ閲スレバ定メテ寄聞モ多カルベキモ茲ニハ予ガ見聞セシ者ヲ略録セシノミ

本邦ニ於テ発見セシ星鉄ノ記事

本邦ニ於テ発見セシ星石ハ前記ノ如クナレドモ星鉄ニ至テハ予ガ所蔵ニ係ル者ノ外今日ニ至ル迄未ダ発見セシ事アルヲ聞カズ予ハ之ヲ工学士近藤会次郎氏ノ紹介ニ由テ購収スルヲ得タリ、抑モ星鉄ノ由来ヲ略記センニ明治廿三年四月富山県上新川郡稲村大字白萩村ニ於テ同県士族小林一生氏ナル者鉱山試掘中同氏使役ノ坑夫中村定次郎ナル者白萩村ヲ貫流スル上市川上流ノ砂礫中ニ於テ本魂ヲ拾ヒ得タレドモ其何物タルヲ解セズ、只其形ノ奇ナルト目方ノ重キヲ以テ一種ノ金属タル可キヲ信ジ久シク小林氏ノ家ニ保存セシガ或ル者ノ鑑定に白金ナラント云フニヨリ大坂造幣局へ鑑定ヲ乞ヒシニ未ダ技師手ニ達セズシテ只一種ノ鉄礦ナリトテ却下セラレシモ謂レナキニアラズ、其後小林氏東京ニ移住セシヲ以テ一二

ノ人ニ鑑定ヲ乞ヒシモ更ニ重要品視セラレズシテ小林氏ノ家ニ在テ沢庵ノ押石ニ代用セラレシモ是非ナキ次第ナリシオリ、然ルニ偶々明治二十八年二月初旬小林氏ノ実弟工業学校ニ在リテ同校分析学教授工学士近藤会次郎氏ニ本磈ノ事を語り転ジテ之ヲ農商務省地質調査所ニ齎シ地質課技師ニ就テ鑑定ヲ乞ヒタルモ本磈ノ外面全ク酸化シテ濃褐色ヲ帯ビタル而已ナラズ其比重ノ大ナルヲ以テ恐クハ褐鉄鉱ナラントノ鑑定ニ止リタル、然ルニ幸ナルハ近藤会次郎氏当時同所ノ分析課ニ在リシヲ以テ之ヲ分析標品ノ一ニ供セントテ本磈ノ一角ヲ鎚撃セシニ普通鉱石ノ如ク破砕セザルヲ以テ之ヲ奇トシ更ニ鏟ヲ以テ之ヲ截リシニ意外ニモ鉱物ニアラズシテ金属ノ磈タルヲ知リ認メ益々疑団ノ晴レザルヲ以テ試ニ其一小片ヲ採リ酸類ニ溶解セシニ想ハザリキ緑色ノ液ヲ得タリ(鉄ニハ此色ナシ)、更ニ疑フハ此緑色ハ銅ノ汁ノ為ナランカトテ試験セシモ絶テ其反応ナク却テ「ニッケル」金属ノ名ノ兆ヲ認メタリ、蓋シ「ニッケル」ハ我邦ニテハ未ダ発見セシ事ナク只輸入品トシテ貨幣電気用若クハ一二ノ装飾品ニ於テ之ヲ見ルノミ誰カ其鉄磈中ニ存スルヲ思ハンヤ、然レドモ反応ハ之ヲ示セリ於是近藤氏ハ益々迷ヒ書籍ニ就テ「ニッケル」ノ所在及ビ現存ヲ調ベシニ此金属《ニッケル》ハ鉱石トシテ産出スルノ外金属トシテ星鉄中ニ存在スル事ヲ知リ始テ本磈ハ星鉄ニナル可キカト想ヒ更ニ他ノ小片ヲ採リテ定量分析ヲ行ヒシニ「ニッケル」ノ多量及ビ「コバルト」金属ノ名小量ヲ含有スルヲ認メ更ニ硝酸試験ニ依リテ星鉄ノ特性タル所謂「ウインドマンステッテン」氏ノ紋様ヲ発見シ更ニ進テ諸書籍ヲ参照シテ其諸性ヲ調査シ弥々本磈ノ星鉄タルヲ確認セリ、此時ニ方リ本磈ノ所有者タル小林氏ハ横浜外商中ニ鉱石類ヲ購買スル者アルヲ聞キ近藤氏ノ証明書ヲ添テ売渡交渉ヲ為シタリシモ右ノ外商ハ欧州ノ本店ト音信スル為メ四ケ月ノ猶予ヲ乞ヒタリ、恰モ好シ此時予ハ農商務大臣ノ任ヲ拝セシヲ以テ同省ノ技師タル近藤氏ノ直話ト現物ヲ見同氏ノ紹介ヲ以テ所有者小林氏ニ譲受ケン事ヲ交渉セシニ小林氏ハ喜テ予ノ需ニ応セシヲ以テ即チ明治二十八年三月十七日ヲ以テ本魂ヲ所有スルニ至レリ

予ハ本魂ノ手ニ入リシ以来珍重措カザリシガ本年二月ニ至リテ本魂ノ一部ヲ以テ刀身ヲ造ラシメ以テ之ヲ我が皇太子殿下に奉献セント企テタルヲ以テ全量中ヨリ殆ンド一貫目余ヲ截リ取リ其切屑ヲ精撰シテ特ニ農商務省鉱山局地質課高山甚太郎氏ニ定量分析ヲ請ヒタルニ其結果左ノ其左ノ如シ

分析成績報告書

星

一隕鉄　壱種

定量分析成績

	百分中
鉄	八九・四六七
ニッケル	九・三〇三
錫	〇・〇一一
銅	〇・一三八

星石ノ名　但シ多ク隕下セシ地名ニ基ク

	鉄	ニッケル	コバルト	銅	マンガン	硫黄	燐	炭素	シリゲート	錫
アグラム千七百五十一年五月廿六日	八三、二九	二、八四	一、二六	〇	〇、六四	〇	〇	〇	二、九七	〇
バルラス鉄千七百四十九年	八八、〇四	一〇、七八	〇、四六	〇、〇七	〇、一三	痕跡	〇	〇、〇四	〇、五三	〇
トルカ千七百八十四年	九十、七二	八、四九	〇、四四	〇	〇	〇	〇、一八	〇	〇、六三	〇
ベンデコ千七百八十四年	九一、九〇	三、七一	〇	〇	〇	〇	〇	〇	〇、四六	〇
希望峰千七百九十三年	八一、三〇	一五、二三	二、〇一	痕跡	〇	痕跡	〇、〇八	〇	〇	痕跡
レナルド千八百十四年	八五、〇四	八、一二	三、五九	〇	〇、六一	〇	〇	〇	二、六四	〇
レッドリヴァ千八百十四年	九〇、九一	八、四六	〇	〇	〇	〇	〇	〇	〇、五三	〇
ボヒユミリツチ千八百二十九年	九三、七八	三、八一	〇、二一	〇	〇	〇	一、〇〇	〇	二、二〇	〇
セフヒヤ鉄千八百四十年	九〇、一〇	六、五三	〇、三三	〇	〇	〇	〇、〇二	〇	二、二三	〇
アルフア千八百四十年	八二、一一	七、一一	〇、三六	〇	〇	〇	〇、三四	一、五四	〇	〇
ブラフオ千八百四十七年七月十四日	九一、八八	五、三二	〇、五三	二、〇七	二、〇七	痕跡	〇	痕跡	〇	〇
リツタースグリム千八百四十七年	七八、三二	九、六三	〇、五八	〇	〇	〇	一、三七	〇	一、三八	〇
ピッツボルフ千八百五十年	九二、八一	四、六七	〇、三九	〇、〇三	〇、一四	〇、〇四	〇、二五	〇	〇	〇
ラクチベ八千八百五十七年	三七、六九	五九、六九	〇、四〇	〇、九〇	〇	〇	〇、一〇	〇	〇、四一	〇
シントガタリナ千八百七十五年	六三、六九	三三、九七	一、四八	〇	〇	〇、一六	〇、〇五	〇、二〇	〇	〇
ベーテス千八百七十五年	八九、一二	一〇、〇二	〇、二六	〇、〇一	〇	〇	〇、一二	〇	〇	〇
エスセルブヒル千八百七十九年五月十日	九二、〇〇	七、一〇	〇、六九	痕跡	〇	〇	〇、一一	〇	〇	〇
タルナマオンド千八百八十三年	八九、〇〇	一〇、六五	〇、四五	痕跡	〇	〇	〇	〇	〇、〇九	〇
グランドラビット千八百八十四年	八八、七一	一〇、六九	〇	〇、〇七	〇	〇、〇三	〇、二六	〇、〇六	〇	〇
グロライタ千八百八十四年	七八、九三	二一五	〇、三三	〇	〇	〇	〇、三六	〇	〇	〇
サンゴロワ千八百八十四年	八九、七八	七、六五	一、三三	痕跡	〇	〇	〇、五一	痕跡	〇	痕跡
マザピル千八百八十五年	九一、二六	七、八五	〇、六五	〇	〇	〇	〇、三〇	〇	〇	〇
ケビンクリーク千八百八十六年	九一、八七	六、六〇	痕跡	〇	〇	〇	〇、五四	〇、四一	〇	〇

コバルト　○・八二七
燐　○・○六四
硫黄　○・○○一
炭素　○・二一九
不溶浅渣　○・○二七

右分析者　小寺技師

右之通候也

明治三十一年三月三日

〔注〕本魂ガ未ダ予ガ手ニ入ラザリシ時近藤氏ガ本魂ノ一小部ヲ削リ取テ分析シタル表ニ拠レバ鉄九三、五二「ニッケル」五、九二「コバルト」○、二○トアレドモ本文ノ分析ニ用ヒシ原料ハ近藤氏ニ比スレバ十倍以上タレバ全魂ノ定量分析ハ本文ノ表ヲ以テ精確ト認メザルベカラズト思考ス

星鉄中ニ含有スル諸金属類ノ成分ハ甚ダ不同ナルヲ以テ参考ノ為メ古来各国ニ隕下セシ星鉄ノ分析表ヲ左ニ掲グ（前ページ掲載）

流星刀奉献ノ発念並ニ古来星鉄ヲ以テ刀ヲ造リタル古例

予ガ所蔵ノ星鉄ハ我ガ国内ニ隕下セシ者ナレバ之ヲ以テ本邦特有ノ鍛錬法ニテ一刀ヲ造ラシメ以テ我ガ皇太子殿下御丁年ノ御祝儀トシテ献上シ奉ラント発念セシハ偶然ノ事ニアラズ、予ガ往年全権公使ノ職ヲ以テ露京聖彼得堡府ニ在リシ時「ツアルスコエセロー」ノ離

宮ニ於テ露帝亜歴山第一世の珍蔵セラレシ星鉄刀ヲ親シク見テ一種ノ感ヲ起シタルニ基ケリ、当時予ニ附添ヒシ宮内官吏ノ語ル所ニ拠バ該剣ハ亜暦山第一世ガ「ナポレオン」第一世ヲ大ニ「モスコワ」ニ於テ破リシ功ニ対シ独逸国ヨリ献ゼシナリト予ハ此時迄ハ星鉄ヲ以テ刀ヲ造リタル事アルヲ聞タル事ナク勿論見タル事ナカリシナリ然ルニ其後一二ノ洋書ニ左ノ如キ記事ヲ聞ケリ

一「ハンメル」氏ノ調査ニ拠バ「ダマスク」刀古印度ノ名刀ノ起原ハ星鉄ヲ以テ鍛ヘタルモノニ係ル故ニ此刀ニ著名ナル班紋ヲ帯ル事ヲ尚来模造セシナリト

一「アグリコラ」氏ノ著書ニ拠バ　波斯《ペルシャ》国「アセンナ」時代ニ於テ重量五十封度我六貫目ノ星鉄ヲ発見シ之ヲ以テ国王ノ宝刀ヲ鍛タル事テリト

一「ギルベルト」氏ノ著書ニ拠バ往古「カリーフ」王小亜細亜地方ノ主名ノ宝刀中ニハ星鉄ヲ以テ鍛タルモノアリト

一「ロス」氏ハ千八百十八年北極探見ノ為メ北米「パフェンス」港へ旅行シタル際「エスキモ」人ガ星鉄ヲ以テ製シタル小刀ヲ持チ居タルヲ認メタリ現ニ澳国維納府博物館ニ此種ノ小刀一口ヲ保存スト

一船長「ソウエルベイ」氏ハ本世紀ノ初ニ於テ喜望峰ノ附近ニ発見シタル星鉄ヲ以テ長サ二尺幅一寸ト八分ノ三（我ガ二尺一寸二分六六）ノ刀ヲ造リ露帝亜暦山得第一世紀ニ献ジタル事アリ此ハ前文ニ記載セシ予ガ「ツアルスコエセロー」離宮ニ於テ見ツモノト同物タル疑ナシ

以上ノ記事ハ「クエンステツト」氏著鉱学書及ビ「ペルク」氏著鉄ノ歴史ノ二書ニ見ヘタリ

献上ノ流星刀刀身ニ関スル特質

鍛錬　長刀及ビ短刀各二振ノ内甲ノ一振ハ星鉄ヲ十六回折返シ鍛錬シタルモノヲ用ヒ乙ノ一振ハ二十四回折返シ鍛錬シタルモノヲ用ヒテ造レリ二振共ニ刀身ノ表面ニ恰モ槻ノ如輪木理ニ似タル斑紋アルハ就中此斑紋ノ稍大ニシテ鮮明ニ且ツ無瑕ニ出来上リタル者ハ則チ献上ノ一刀ナリ

刃金　前記ノ如ク数回鍛錬シタル星鉄ノ中間ニ挟ミタル刃金ハ中国砂鉄ノ玉鋼ニシテ其配合ハ星鉄七分玉鋼三分ノ者切味最モ鋭利ナルヲ以テ甲乙各一振トモ此ノ割合ヲ採レリ

鑢削及び鑵削

鑢削又ハ鑵削ヲ施スニ粘靱ニシテ稍硬ク恰モ鑢又ハ鑵ヲ吸引スルガ如キ感アリ

強力　試ニ鎚延シタル星鉄ノ一片ヲ截リテ之ヲ折ルニ屢バ屈曲スルモ容易ノ切断セズ以テ其強力ノ大ナルヲ知ル

鍛合ノ困難　星鉄ノ鍛合ハ通常錬鉄又ハ玉鋼ノ鍛合ニ比シテ頗ル困難ナリ而シテ之ヲ鍛合スルニハ充分ナル白熱ヲ与フルヲ宜シトス始メ刀工国宗ガ星鉄ヲ鍛錬スルニ方リ鍛合頗ル困難ニテ意ノ如クナラズ依テ其氏神タル氷川神社ノ祈誓シ三週間精進潔斎シテ鍛合ノ方法ヲ工夫シ漸ク其目的ヲ達シタリト陳ゼリ

左ニ刀工国宗ヨリ予ニ差出タル書面ヲ附録ス

前略　星鉄ニテ刀剣鍛ヘ方従来伝授モ無之経験モ無之候ニ付最初試ミニ普通ノ法ニ拠リ鍛錬致候処加減甚ダ六ヶ敷就テハ種々勘考之上三度迄モ卸シ込ミ漸ク相纏メ又鍛フル度毎ニ其色白ク冴ユル迄充分ニ鎔カシ込ミシニ遂ニ無事出来上リ申候但シ鍛錬ノ度数ハ一振ハ二十四回他ノ一振ハ十六回也地合ハ初メ無地ニシテ美敷出来上ル様心懸ケ別ニ肌物鍛ヘヲナセシ訳ニハ無之候ヒシニ研キテ後図ラズモ肌合相現ハシ愈以テ星鉄固有ノ美質感歎ノ外無之候焼キハ金ノ為メヲ図リ火刀減ヲ淡クセシヲ以テ匂ヒ浅ク錵ナキモ切レ味ハ充分ニシテ又折ルル事抔ハ決シテ無之者ト相信ジ申候且又砥当リハ尋常ノ鉄ヨリモ軟カキモ雑リ物堅キヲ以テ肌合一層著シク相現ハレ申候也

明治三十一年三月　岡吉国宗謹言

右

明治三十一年十二月　海軍中将正二位勲一等子爵榎本武揚誌ス

二　当代随一の砲術家　永持明徳

育英黌初代黌長永持明徳は幕末から明治初期にかけて、当代随一の砲術家であった。幼名を五郎次といい神童といわれた秀才である。永持明徳は根っからの幕臣ではなく、千葉県の豪農、山本治左衛門の四男として弘化二年(一八四五年)に生まれた。幕府目付役永持享次郎は五郎次の非凡さに嘱目して、どうしても永持家の養子に呉れと懇願したことが、きっかけである。そのとき五郎次の父は「一〇歳で神童、二〇代で普通の人という喩えもある。正式の話は、この子が成人してから取り決めたい」と将来を約束したが、そのときから五郎次の養育と教育は永持家が取り行うことになった。

養父永持享次郎は、旗本中の評判の秀才であった。安政二年(一八五五年)に長崎奉行所勘定方目付役を命ぜられ長崎に赴任する。その年に長崎海軍伝習所が設立され、永持享次郎は、「勘定方目付役」のまま、幕命によって伝習生となり、勝麟太郎や榎本釜次郎などと軍艦操練術を学んでいる。安政四年になって永持享次郎は「長崎奉行所附組頭」に栄転し、幕命によって伝習生を解かれている。

永持亨次郎が長崎に赴任するとき、五郎次は一旦実父に預けられるが、永持が組頭に栄転し、伝習生を解かれると、養子となるべき五郎次を長崎に呼び寄せ、蘭学、フランス語の学習に専念させる。五郎次は一三歳であった。後年永持明徳は「長崎出島のオランダ屋敷で蘭学を学び、また長崎通辞(通訳)の家でフランス語の習得に専念した」と語っている。

永持明徳

五郎次(明徳)が長崎に着いた安政四年(一八五七年)は、幕府が開港を迫られ、下田協約調印(五月二六日)、日蘭追加条約締結(八月二九日)、日露追加条約締結(九月七日)が行なわれ、翌年安政五年には井伊直弼が大老就任(四月二三日)、日米通商修好条約締結(六月一九日)、日蘭、日露、日英の各通商条約締結(七月)、日仏通商条約締結

（九月三日）、そして安政の大獄が始まった（九月八日）年である。山本五郎次少年はこのような時代の動きのなかで、長崎において洋学に専念したのである。この長崎での勉強が役立ち、幕府の「遣欧使節団」の一員に加えられることになった。この直前に山本五郎次は正式に永持享次郎の養子となり、永持明徳と名乗ることになる。明徳一八歳のときである。

遣欧使節団は幕府が西洋強国の圧迫下にやむなく開国に同意した。いわゆる安政の条約に対して、国内における反対論の激化を憂え、使節を欧州に派遣して、兵庫と新潟の開港、江戸と大阪の開市の実施を延長する交渉を進めることを目的に、幕府が正使竹内下野守以下三〇数名からなる使節団を編成して、文久元年（一八六一年）一二月二三日、イギリス軍艦オーディン号で品川を出航し、途中、長崎に寄港し翌文久二年正月元旦長崎を出帆した。

永持明徳は正使竹内下野守の通訳として、この使節に加わったのである。なお使節団には福沢諭吉（慶應義塾）、福地淳一郎（桜痴、後の新聞界の重鎮）、寺島宗則（後の外務大臣）などが加わっている。幕府は万延元年（一八六〇年）にはアメリカに勝海舟を艦長とする「咸臨丸」を派遣している。また、遣欧使節団が長崎を出航する文久二年（一八六二年）には、榎本釜次郎らの幕府オランダ留学生第一号が長崎を九月一一日に出帆した年でもある。

遣欧使節団と共にフランスに到着した永持明徳は、欧州文明の絢爛さに驚きの声を上げ、見るもの聞くものが全て新鮮であった。福沢諭吉は帰国後『西洋事情』を著して、識者の関心を高めている。しかし永持明徳に強い印象を与えたのは、ナポレオン三世の治下に布かれた軍備の充実であった。とりわけ精錬された砲兵科の整備に驚き「戦勝の一因は実に砲兵の威力にあり」と喝破し、帰国後永持明徳は「砲術こそフランスの砲術を学ぶべきであるとして、自ら横浜に駐屯するフランス士官について砲術とフランス語をみっちりと学び取っている。この熱心な砲術の勉強によって、永持明徳は勝海舟の推輓によって、幕府の大砲係頭取に抜擢される。慶応二年(一八六六年)五月、明徳二三歳のときである。彼はこれより幕府砲兵隊を再組織し訓練に励む。そうこうしているうち戊辰戦争が始まり(一八六八年一月三日)、永持明徳は幕府砲兵隊を率いて伏見に陣を布き、後年、日本大学の創立者山田顕義の長州奇兵隊と対戦して奮戦する。しかし、この戦いは幕軍が敗れ、永持明徳も歩行不能の深傷を両腿に受けて、大阪の民家に収容される。以後、彼の名はその後の戊辰戦争終了(箱館戦争)まで見ることがない。

永持明徳が社会に復帰するのは、沼津兵学校の教官からである。沼津兵学校は明治元年に創立され、校長には榎本武揚とオランダ留学をともにした西周(後の軍人勅諭の起草者)であり、教授陣には幕府が誇った洋学者の俊英を、きら星のごとく並べていて、当時、明治新政府が京都に洋式士官学校を設立したり、各藩もそれぞれ藩校を設けていたが、それらを尻目に沼津兵学校の名声は高く、優秀な学生が各藩から続々集まってきた。永持明徳は沼津兵学校三等教授として「砲術とフランス語」を担当することになった。この沼津兵学校は、名称は兵学校であったが軍事学を中核としながら自然科学の教育を目指したものである。

沼津兵学校の名声に恐れを抱いた兵部大輔(陸軍大臣)大村益次郎は教授陣を新政府に引き抜くことによって、沼津兵学校を廃校にしようと考え、教授陣の兵部省への引き抜きをあの手この手でしたという。永持明徳は鳥羽・伏見の戦いで対戦した長州の山田顕義(陸軍大亟)に「陸軍の整備こそ、国家の緊急時ではないか。区々たる幕臣の感情を捨てて、今こそあなたの知識を日本のために使うべきではないか」と再三の懇請に断り切れず、大阪兵学校の砲兵科教官に就任(明治三年一〇月)した。それ以後、永持明徳は砲兵科の基礎づくりと人材の養成に力を傾注していく。彼が陸軍を退官するのは明治二一年三月、四五歳のときで、階級は砲兵中佐にすぎなかった。薩長の出身ならとっくに将官になっていた筈である。

榎本武揚が育英黌を設立した明治二四年は、永持明徳は陸軍を退官した後である。榎本武揚は長崎海軍伝習所で、永持明徳の養父永持亨次郎とも、また少年五郎次(明徳)にも面識があり、遣欧使節団がパリに滞在中にも明徳に会っている。さらに帰国後、榎本武揚は幕府海軍副総裁になるが、永持明徳は同じく幕府の大砲係頭取となり、陸海合わせて戊辰戦争を戦った仲間である。榎本武揚は沼津兵学校の夢を断たれた永持明徳を育英黌長として、その夢を実現させてやりたかったに違いない。

しかし、育英黌の海軍予備科の夢が崩れるのを見て、永持明徳は黌長職を僅か一年半ほどで明治二五年一〇月に辞職する。しかし、永持明徳は東京市会議員に当選し、また、本郷連隊区参事員に選ばれ、軍部の充実に尽力する。そして、永持明徳は育英黌農業科から育英黌分黌農業科として小石川区大塚窪町に移転するときに、その土地を借地することに尽力したことは先に述べたとおりである。この土地が確保されなかったとしたらいまの東京農業大学はなかったのである。そういう意味からも永持明徳は東京農業大学の恩人の一人である。なお、育英黌教頭真野肇は永持明徳の沼津兵学校時代の教え子である。

三　心形刀流《しんぎょうとうりゅう》達人　伊庭想太郎

伊庭想太郎は育英黌の設立に関与し、その後の育英黌分黌農業科そして改名後の東京農学校の校長として、東京農学校が大日本農会附属東京農学校に委譲されるまで学校の発展に寄与した。

伊庭想太郎

ところで、伊庭想太郎は、江戸四代道場の一つといわれた「伊庭道場」の直系である。伊庭道場の流派は「心形刀流」である。心形刀流というのは「心正しからざれば、形正しからず、心形相伴わざれば、技正しからず」として精神修養と形の習練を徹底させ、それができない者は立ち合い稽古をさせない。というのが開祖以来の伝統である。従って、粗野な入門者は必然的に排除され、気品に満ちた道場の雰囲気を形成していたといわれる。

心形刀流の開祖は信濃出身で後に江戸に出てきた伊庭是水軒秀明（一六四九～一七一三年）である。その秀明の長男・秀康が父の後を継ぎ、心形刀流の理論と技法を集大成したといわれる。秀康は軍兵衛と称したが、以後、伊庭道場当主は、軍兵衛を名乗ることが不文律となった。ところで、道場当主に先代の実子が就任したのは、この秀康と七代目軍兵衛秀淵のみで、他はすべて養子である。

幕府は四代目軍兵衛秀直以降、代々の伊庭家当主を幕臣とし、下谷御徒町和泉橋通りに二百七五坪の屋敷地を与えている。安政三年（一八五六年）四月、幕府は築地鉄砲州（後神田三崎町に移転）に、旗本・後家人に剣、槍、砲などの武術を訓練させるため「講武所」を開所した。九代目軍兵衛秀俊は、諸流派の達人たちと共に、この講武所の剣道師範に任命されている。九代目軍兵衛秀俊は堀和惣太郎といい伊庭道場の師範代で二三歳で八代軍兵衛秀業に道場主を任命されている。この秀業は天保の改革で辣腕を振るった老中水野忠邦に目をかけられていたが、水野忠邦が失脚したので、その事件が伊庭道場におよぶことを恐れ、二五歳の若さで第九代目に当主を譲り隠居した。

八代目秀業は七代目軍兵衛秀淵の愛娘を妻にしたが、五年後の妻が病死したので、七代目秀淵の実弟秀実の養女を後妻とした。天保一一年（一八四〇年）に女子、天保一四年（一八四三年）に生まれたのが、美剣士で、第二次征長軍、伏見の戦、箱根湯本三枚橋の戦、そして箱館戦争で戦死をする長男伊庭八郎である。秀業は弘化四年（一八四七年）に武司、嘉永二年（一八四九年）の孫四郎、同四年に後年想太郎と改名する亥朔を、次々と男子を後妻との間にもうけている。この亥朔改め想太郎が、東京農学校長になる伊庭想太郎である。

美少年剣士といわれる兄伊庭八郎は英国商船を利用して箱館五稜郭で榎本軍と合流し、松前根部田の激戦を経て、木古内から札苅に進む途中で敵の砲弾にあたり重症となり、五稜郭に運ばれたが落命した。

伊庭想太郎は生きのいい江戸っ子で、榎本武揚と同様にべらんめい調で愛される人柄であった。また剣道の達人であったが、豊かな学職の持ち主でもあった。伊庭想太郎は明治一〇年に創立された工部大学寮（後の東京帝国大学工学部）に二年間在学しただけで、これといった学歴はない。しかし、彼は箱館戦争後、徳川縁の地静岡に移住し、漢学と剣道を学び、文武ともに極めて優秀だった。その頃、亥朔から養父の元の名惣太郎にちなみ想太郎と改めた。

伊庭想太郎は兄八郎の畏友であり、かつて伊庭道場の門下生で沼津兵学校の教官でもあった沼津の中根淑（香亭）の許で英語と数学をみっちり学んだ後、東京に出て、榎本武揚の推挽で唐津藩主小笠原長行（八郎らと共に箱館で戦った）の嗣子・長生（後の海軍大将、海軍きっての文章家）の教育を引き受けると同時に、四ツ谷に私塾・文友館を開き、多くの弟子を育てた。さらに海軍兵学校その他では剣道を教えた。剣道の腕前は人々をして剣豪といわしめたほどであった。

伊庭想太郎は徳川育英会幹事長、東京農学校長、日本貯蓄銀行、江戸川製紙工場の重役などを歴任、ないし兼任した。事件が起きるのは明治三四年六月二一日午後三時半頃である。「押し通る」といわれたほど図太かった政治家の星亨を、東京市会議所で斬殺したのである。星が東京市教育会長でありながら、汚職をし敢えて反省の色も見せないばかりか、超然と世論に対して空うそぶいている態度に、許容しがたい正義感を覚えたからであろう。伊庭想太郎は当時四ツ谷教育委員であった。

星亨は東京を国際都市にする想像を固め「大築港の建設、それに伴う埋立工事」などを計画し、また東京と横浜とを一つにした一大都市の造成構想を発表するなど、強力にその推進を計っていた。そのような構想に前には、財界や権利屋の暗躍跳梁は今より昔はひどかったようである。毎日新聞の主筆島田三郎は「白昼公然と強盗をなすにあらずや」と難じ、「醜怪は星亨なり」とまで書いている。

伊庭想太郎は「私は国民のため、人権のため、憲法政治のため星を斬りました。世の中の法律を以ってしても、徳義を以ってしても裁判のできない者は、国家のため倒す以外にないと考えたのである。ましてこの東京市の教育会は、星の専断勝手なるものと看破しましたから、これ教育上、由々しきことになると思ったので、なお星をたおす決意をかためた所以です」というのが、法廷で述べた彼の兇行動機の一部であった。外国新聞のヘラルドは「西洋のテロ行為は、階級意識から生まれた無政府主義者の暴行が多いのに、日本の暗殺は愛国心と義務の精神から行なわれる」と日本のサムライと外国人の観念の相違点を指摘している。

またこれについて、明治の思想家中江兆民は彼の著『一年有半』で次のように書き残している「伊庭という人は、わたしの知人である。名を想太郎と呼び、きわめて温厚沈着な人である。このような人が、この挙に出たということは決して理由のないことではないと思われる。人はややもすれば、権勢を頼んで他をはばからず、こんなことは、法律に触れないではないかと云って平気で悪事をなし、少しも反省しない人がいるものだ。ここにおいて、義に激する俊雄の人が起こって、天下のためにこれを刺す。これまことに止むを得ないことである。伊庭は、そう信じたままだ。さらにもう一歩つき進めてこれを論ずれば、国中の人々の知識が高まり、国中の人々の道徳心が、法律を必要としないほど皆がみんな、聖人君子になったときならいざ知らず、いやしくも、悪に対する社会の制裁力が微弱である時代にあっては、悪を懲らし禍を防ぐという意味で暗殺もまた、必要欠くべからざるものというべきか」と結んでいる。自由と人権を終生の啓蒙運動にかけた兆民の言葉とは思えないほど同情的である。

伊庭想太郎は星亨を刺したことで、無期懲役となった。想太郎は獄にあっても「星氏の御家族は永久に彼に会えないのだから同情に堪えない」として親族の面会は一切謝絶し、明治三六年九月三一日に獄中で胃がんのため亡くなった。享年五七歳であった。読売新聞第一五一号は「世の中のことは儘にならぬものだ、死んでも好い者が死なず、死なないで好い者が死ぬ」として想太郎の死を悼んでいる。この死んでも好い者は桂太郎が助かったことを指している。この記事からもわかるように当時の庶民は同情的であった。

榎本武揚が生まれた場所と伊庭道場は同じ下谷御徒町である。榎本武揚が後年和泉守を名乗るが、伊庭道場があった和泉橋通りを想い出したからだろうか。榎本武揚が伊庭道場に通ったかどうかはわからないが、兄の八郎も弟の想太郎も榎本と共に箱館戦争を戦い八郎が戦死（実際には苦しむ八郎を見て榎本武揚がモルヒネの入った薬椀をそれと知りつつ莞爾として飲み干し落命した）したこともあり、弟想太郎を常に気にかけていた。因みに榎本武揚は伊庭想太郎より一五歳上である。

伊庭想太郎は星亨を刺したときは、東京農学校は既に大日本農会附属東京農学校になっていた。しかし、大日本農会は伊庭想太郎を附属東京農学校の商議員に明治三〇年に任命していた。事件が起きても商議員を解任せず任期満限まで解任しなかった。

伊庭想太郎が東京農学校に全力を尽くしたことが、大日本農会にこの学校がまだ見込みがあると判断させたのであり、伊庭想太郎は東京農業大学が生きのびた貢献者である。

四　札幌農学校第一期生
敬虔なクリスチャン　渡瀬寅次郎

育英黌農業科の教師陣のすべては札幌農学校出身者であった。明治新政府は箱館戦争で戊辰戦争が終わる（明治二年五月一八日）と、早速、七月八日に官制改革を行ない蝦夷地に開拓使を設置（初代長官鍋島直正）し、八月一五日には蝦夷地を北海道と改称した。開拓使は内地と気候風土の異なる北海道の農業開拓には近代農学の知識をもった指導者が必要であると考え、明治六年四月、東京芝に開拓使仮学校を開設した。開拓使仮学校は明治八年札幌農学校と改称し、翌九年（一八七六年）に東京芝から札幌に移され札幌農学校となった。因みに駒場農学校はその翌年の設立で、この両農学校が日本における高等農業教育の発端となった。

札幌農学校は、当初、農商務省の所管であったが、明治一九年に北海道庁が新設されると道庁の所管となり、やがて文部省に移って明治四〇年東北帝国大学農科大学になる。そして、大正八年に北海道帝国大学が設立されるとその農学部になった。

黒田清隆（二代目総理大臣）が明治三年開拓使次官（明治六年から長官を兼ね独裁を振るった）になると、黒田はアメリカの農務省長官ケプロンを高級顧問として招聘し、一方、榎本武揚を開拓使に出仕させて、この両者に北海道開拓の基本構想を練らせた。両者はことごとく対立するのだが、そのことは紙数上ここでは触れない。ともかく、黒田清隆はケプロンの献策を受け、アメリカから札幌農学校の教師を雇うことにした。やってきたのが、マサチューセッツ州立大学学長ウイリアム・クラークである。

クラークは札幌農学校の教頭兼農場長として、マサチューセッツ州立大学学長のまま八カ月間札幌に滞在し、生徒に強烈な影響を与えた。クラーク以外の教師にはW．ホイラー、D．ペンハロー、W．ブルックスらがいた。札幌農学校の修業年限は本科四年、予備科三年アメリカの大学制度に則したものであった。開校当初の学生は二四名であったが、そのうち一三名は芝の札幌農学校からの進学であり、他の一一名はすべて東京英語学校を中途で止めて北海道開拓を志した者たちであった。学生はすべて官費であった。また駒場農学校と同様に生徒の多くは武士の子弟であった。

クラークは札幌農学校において、人文科学、自然科学の基礎学科の教養科目に重点をおき、農業経営は大経営を目標とした。マサチューセッツと北海道とは気候も似ており、北海道農業開拓はアメリカ式農業が適していると判断してのことである。しかし、クラークはアメリカ農法の直輸入でなく、「日本国ニ要スル農業ノ修整」なる論文も発表している。

クラークは敬虔なクリスチャンであった。クラークはドイツで農芸化学を学んだ農学者であったが、札幌農学校で彼が後世に残した足跡は農学者よりもキリスト教の教えが強い。明治一〇年、クラークに導かれて「イエスを信ずる者の誓約」に署名して入信した人々大島正健、内村鑑三、宮部金吾などと共に、わが育英黌農業科の教師となる渡瀬寅次郎がいる。この信ずる者の誓約後、札幌は日本キリスト教普及の一つの力となる。いわゆる札幌バンドである。日本キリスト教の普及に大きな影響をもったのは札幌バンドの他に熊本バンド(熊本洋学校L.L.ジェーンズの影響)と横浜バンド(外国人居留地の人々)がある。

それはさておき、前にも述べように育英黌農業科の教師の殆どは札幌農学校出身者であった。二期生で明治二五年に入学した麦生富郎(広島県出身、後に大日本農会の農芸委員になる)の手記によると、「この頃は議会政治の初期であったため、藩閥という言葉が流行し、農学界も駒場閥、札幌閥に別れて争いが絶えなかった。東京農学校はいわゆる札幌閥によって経営され、駒場出身の講師は一人もいなかった」と記している。

渡瀬寅次郎は育英黌農業科の当初からの講師である。彼は旧幕臣で沼津兵学校附属小学校の出身である。育英黌幹事の真野肇は沼津兵学校の出身である。渡瀬寅次郎は沼津兵学校附属小学校を卒業してから、一七歳のとき札幌農業校の第一期生としてクラークの薫陶を受け、前述したようにキリスト教に入信する。札幌農学校は卒業後五年間の奉務の義務(明治一三年廃止)を課していたので、彼は一八八〇年開拓使御用掛となって開拓業務に従事する。この間、北海道で大発生したトノサマバッタの絶滅作戦の指揮をとっている。一八八一年に北海道農会の前身である北海道勧農協会を設立し、同会の幹事となる。

渡瀬寅二郎

渡瀬寅次郎は江戸の生まれである。一八八四年七月に札幌を去り、茨城県立師範学校校長兼同県学務課長になった。官吏を嫌ったのか、その後、東京興農園を設立し、わが国の種苗、農具の生産販売の先駆者となり、また通信販売の創始者ともなった。東京市会議員として活躍した。

榎本武揚は北海道開拓についてアメリカ農法を取り入れた大農論の考えの持ち主であった。といっても、それは家畜や大農具を使い広い耕地を家族労働プラス雇用労働で経営するやり方であったり、管理人をおいて雇用労働で経営する方法などであった。榎本は渡瀬寅次郎が旧幕臣で沼津兵学校に縁があり、札幌農学校出で、かつて自分も奉職した開拓使に勤め、実践家として実力をもち、人物も優れていたところから育英黌に招聘したものと思われる。

東京農学校は明治二八年評議員制度を設けるが、この評議員六名のうち駒場農学校五人の中にただ一人札幌農学校出の渡瀬寅次郎がいる。榎本の信任の厚さが伺われる。また、渡瀬寅次郎は横井時敬と共に大日本農会の常議員として東京農学校の存続に尽力し、東京農学校が大日本農会附属東京農学校になってからも商議員として学校経営に加わっている。大日本農会とは彼が北海道勤農協会設立からの縁である。

五　東京農業大学育ての親
近代農学の始祖　横井時敬

横井時敬は明治二八年東京農学校の評議員になり、東京農学校と関係をもつようになる。廃校を決意した榎本武揚を口説いて、大日本農会附属東京農学校として再生させ、自ら責任者となり、中等農業教育機関の東京農学校を高等農業教育機関として大学にまで発展させた。第二次世界大戦前までは、東京農業大学はわが国唯一の農学系私立大学であった。

横井時敬は万延元年（一八六〇年）一月七日、熊本城下内坪井に藩士横井久衛門時教（中級武士）の四男として生まれた。この年三月三日には桜田門外で井伊大老が暗殺された年である。横井時敬の幼名は豊彦といい時敬と名乗るのは一一歳になった明治四年二月一〇日のことである。横井家は北条家の末裔ということを誇りにし、代々「時」の字をつけるのが慣わしといわれる。因みに熊本には横井三家があるが、先祖は一緒で、有名な横井小楠も一族である。少年豊彦は幼いときから父に「侍の道」を厳しく教えられた。また、細川藩には、武家屋敷地の町名ごとに「連」があり、豊彦は「坪井連」に属した。この連は子供のときから武士道を鍛える組織で、相当荒っぽい鍛錬をしたようである。例えば、敵に捕らえられたとき拷問で白状などしないように手足を縄で縛り、梁につるし上げて、青竹で叩く、絶対に悲鳴を上げてはいけないなどの稽古である。この少年時代の武士道の心掛けは終生変わることはなかった。父時教は豊彦が七歳のとき亡くなっており、母の手によって育てられた。

横井時敬

豊彦少年は藩校自習館で漢学を学んだ。彼が一一歳で熊本洋学校に入り、漢学が学べなくなったが、その後、自習し彼の漢学の素養は相当なものであった。

時敬と改名した一一歳の九月に、彼は熊本洋学校の第一期生として最年少で入学した。このときの応募者は五〇〇名もおり入学許可者は五〇名であった。全員県費生で全寮制であった。修業年限は四年である。熊本洋学校の校長はアメリカ北軍の砲兵大尉L．L．ジェーンズであった。彼は一八六一年ウエストポイント陸軍士官学校を卒業した職業軍人であるが、敬虔なピューリタントであり、また退役後メリーランドで農場経営の経験をもっていた。

ジェーンズの講義はすべて英語であった。授業科目は数学、代数、幾何、三角法、測量、化学、物理学、生理学、天文学、地質学の他に英語、英文学、歴史、地理、哲学をすべてジェーンズ一人で教えた。授業についていけないものが続出した。開校は明治四年九月だが翌年の六月には三三名に減り、明治七年には一四名、卒業は一一名であった。横井時敬は最年少者であったが、ジェーンズが明治五年六月に一期生三三名を、四段級に分けたが、時敬は「学業進歩勉励」という第三級に編入されている。上位二級は合わせて六名だから、上位の成績だったといえよう。

ジェーンズは自ら『生産初歩』という農業書を著わし、また、アメリカから農作物の種子や農具を取り寄せ熊本農業の改良にも尽力している。ジェーンズの教えは「国家の隆盛を来す根本は富国強兵である」、「国力を増進する道は先ず産業の発達を図ることが肝要で、特に日本にては農業、鉱業、土木、造船、機械、工芸を奨励すべく、政治は末葉である」と説いた。

横井時敬の科学開眼、実学主義思想はジェーンズの教えによって形成されたといえよう。明治八年七月二七日、時敬は熊本洋学校を卒業（一五歳）するが、一〇月二四日からジェーンズの助手として後進を指導している。明治一〇年（一八七七年）二月五日に熊本洋学校が廃校になり解雇となる。明治一〇年は西南の役があり、熊本城下は焼土となり、内坪井の横井家も焼失する。

横井時敬は翌年の明治一一年（一八歳）に上京し、駒場農学校農学科本科の第二期生として入学する。横井時敬は駒場農学校でめきめき実力を発揮し、明治一三年六月卒業時にはクラス一番の成績で卒業する。駒場の教師陣はイギリス人であった（第二期の雇い外国人教師陣はドイツ人）。横井時敬がわが国近代農学の祖といわれるのは、彼の研究業績が、わが国の伝統的農業を近代科学をもって解明していったことにある。彼が福岡時代（明治一五年〜同二二年、二二〜二九歳）に発明した「塩水選種法」をはじめ著名な『栽培汎論』『合関率』『農業経済学』『小農に関する研究』等の著者は『横井博士全集』全一〇巻に収められている。

横井時敬はフェスカに見出され福岡勧業試験場から農商務省農務局第一課長にな

るが、上司と喧嘩して辞職し、浪人していたが、明治二七年（三四歳）七月二一日、帝国大学農科大学教授となり農学第一講座の初代担任者となる。横井時敬は定年になる大正一一年まで東京帝国大学農科大学教授であった。その間、大日本農会附属東京農学校、東京高等農学校、東京農業大学の教頭、校長、学長を務めた。学長は

塩水撰種法記念碑、福岡県農業試験場

『横井博士全集』

横井時敬が六八歳で亡くなる昭和二年まで続けた。

横井時敬は東京帝国大学農科大学の卒業生は卒業後官吏、農業試験場の技師、学校の先生などになり、実業(農業)に就く者は殆どいない。日本農業の発展は農民の教育にある。その農業の担い手を養成するのが東京農業大学であるとして、農業教育の情熱を東京農業大学に注いだ。横井時敬は榎本武揚の育英黌農業科の建学の理念を「人物を畑に還す」の言葉で表わし、榎本と相通ずる実学主義思想を「稲のことは稲にきけ、農業のことは農民にきけ」(松尾芭蕉の「松のことは松に習え、竹のことは竹に習え」を捩ったともいわれる)で表わしている。

横井時敬は農学を農民のため、農業経営発展のために役立つ学問と規定している。そのためには農学は深化する専門学の統合学でなければならないと説く、農学が細分化、深化することは科学の進歩として認めるが、そればかりでは実際の農業の発展、農民の福祉に寄与できない。このことを憂え「農学栄えて農業亡ぶ」と嘆いた。

横井時敬は農業教育研究に実学主義を徹底したが、東京農業大学の学生の人間形成には課外活動を重視し、自治の精神と武士道の継承を強く訴え、いまもそれが伝統となっている。

横井時敬は国内農業の発展に尽力し、農本主義者といわれている。これに対し榎

ジェーンズ　　フレッド・G・ノートヘルファー『アメリカのサムライ、L・L・ジェーンズ大尉と日本』(法政大学出版局刊、飛鳥井雅道訳)

『稲のことは、稲にきけ』

『小説東京農大』

本武揚は北海道の開拓、殖民政策など国外に目を向けた国際人であった。しかし、両者に通ずるところは、武士道、実学主義、近代科学の理解者として共通したところが多い。

参考文献

『長崎海軍伝習所』　藤井哲博著　平成三年　中央公論社
『長崎海軍伝習所』　星亮一著　平成元年　角川書店
『幕末維新人物事典』　泉秀樹　平成九年　講談社文庫
『榎本武揚』　加茂儀一　昭和四四年　新人物往来社
『時代を疾走した国際人榎本武揚』　山本厚子　平成九年　信山社
「東京農業大学早々期の人びと」　荒木治　農大学報第五四号
「心形刀流伊庭道場の兄弟」　長谷川つとむ　歴史と旅　平成九年一一月号
『東京農業大学百年史』　平成五年　学校法人東京農業大学
『北海道歴史人物事典』　平成五年　北海道新聞社
『小説東京農大』　竹村篤　昭和五五年　楽遊書房
『稲のことは稲にきけ』　金沢夏樹・松田藤四郎編著　平成八年　家の光協会

北海道開拓の夢、オホーツクキャンパスに実現

一　榎本艦隊、なぜ蝦夷地か

榎本釜次郎は幕府がオランダに建造を注文していた最新鋭艦開陽丸に乗って、横浜港に帰国したのが慶応三年（一八六七年）三月二六日であった。足かけ五年におよぶオランダ留学は終り、釜次郎は満三一歳になっていた。帰国後一〇カ月もたたないうちに鳥羽・伏見の戦（一八六八年一月三日）が起こり、戊辰戦争が始まった。一月七日には朝廷が将軍慶喜追討令を出し、一月一五日に新政府が、王政復古を各国に通達した。二月九日、東征大総督に有栖川宮熾仁親王が任命され、二月一二日に慶喜謹慎し、勝海舟が幕府側終戦処理責任者になった。

榎本釜次郎は帰国後まもなく開陽丸の軍艦乗組頭取（艦長）となり、この頃から和泉守榎本武揚を名乗るようになる。また帰国の年の秋に留学生仲間の林研海の妹たつ（一六歳）と結婚する。明けて慶応四年（一八六八年）一月、榎本武揚は幕府海軍

副総裁に就任。将軍慶喜と共に開陽丸にて大坂に向う。開陽丸がはじめて薩摩藩の軍艦と神戸沖で戦い軍艦春日丸を遁走させ、運搬船平運丸を焼き沈め勝利する。慶喜の大坂脱出後、大坂城の書類、刀剣等を整理し、古金一八万両を運び出し、富士山丸にて一月一五日江戸に帰着した。その日は新政府が王政復古を各国に通達した日であり、既に幕軍は鳥羽・伏見の戦に敗れていた。あれよあれよという間に徳川幕府は瓦解の道を突き進んでゆく。

しかし、榎本率いる幕府海軍は最強の開陽丸を中心に無傷のままであり、薩長を中心とする新政府の軍艦では手も足も出ないほど強力であった。西郷隆盛と勝海舟の間では、幕府海軍の軍艦は全て新政府に引き渡すことになっていた。しかし、榎本は軍艦引き渡しを拒否し、四月一二日軍艦八隻を率いて品川沖を脱出し、館山へ退却する。榎本の言い分は、主家徳川家がどうなるのか、慶喜の身分がまだ決まっていないこと、徳川が一大名になるにしても、石高やどこに落ち着くかもわからない状態で軍艦は渡せないというものであった。勝海舟は榎本説得のため館山に向かい、政府軍と話がつくまで、榎本艦隊は残すが、一部の艦を新政府軍に引き渡すことで決着した。榎本武揚は西郷隆盛が勝海舟のこの話に応じたのを確かめ、四月一七日全艦品川に戻り、富士山、翔鶴、朝陽、観光の四隻を政府側に引き渡し、開陽、回天、蟠竜、千代田形の四隻を残し、引き続き江戸湾を遊弋し、その後の形勢を見守っていた。軍艦引き渡す前の四月一一日には征討軍が江戸に入城、徳川慶喜は水戸に退去した。

四月二九日になって徳川家相続は田安亀之助(徳川家達)に決定。五月二四日徳川家達は駿府七〇万石(徳川四〇〇万石といわれたのが六分の一となり、幕臣をどうやって養うかが、榎本の脳裏にあった)に移封となった。なお慶喜は七月二三日に駿府に移った。榎本武揚はこれらの経過を見届け、八月一九日開陽、回天、蟠竜、千代田形の軍艦と成臨、長鯨、神速、美賀保の運送船、合計八隻を率いて品川沖を脱走、蝦夷地に向った。

榎本武揚は海軍軍人として主戦論を唱え、勝海舟と意見を異にした。長崎海軍伝習所(一八五五年から一八五九年)で勝麟太郎は第一期生、榎本釜次郎は第二期生で、榎本は勝を尊敬し、勝は榎本の才能と実行力を高く評価していた。勝は榎本より一三歳年上で、榎本は勝を兄貴分として慕っていたし、勝は榎本を第一の弟子として信頼していた仲であった。しかし、維新回天にあたって各々違った道を歩むことになった。榎本武揚は江戸湾を脱走する以前から蝦夷地行きを決定していた。海舟日記によれば、四月二四日「榎本釜次郎来訪。軍艦、箱館行きの事、談これあり。然るべからずと答う」。次いで、八月四日の海舟日記に「榎本へ、軽挙これあるべからず、己後、進退如何哉、伺いの上、盡力すべき旨申し遣わす」。同六日「桜井庄兵衛、榎本へ極内つげ遣わす」とあり、兄貴分として榎本の暴発を戒めている。

しかし、榎本は薩長の謀略によって主家が滅亡に瀕していると考え、薩長に対する憤激に燃えており、主家に対する忠誠こそ武士の誇りであるとの考えをかえなかった。その背景には手中にある強力な海軍力と大坂湾における勝利もあったであろう。だが、徳川四〇〇万石が七〇万石になり駿府に移封になった頃から榎本はできれば戦わずして蝦夷地を徳川の家臣に下贈されるよう陳情、嘆願をしているのである。榎本は六月に徳川亀之助、松平斉民（前津山藩主）の名で、江戸鎮台宛に「旧幕臣を蝦夷地に移住させて開拓をはかれば、彼らの生活も立ち、『皇国』への『忠勤』にもなろう」と陳情している。だが、それは無視された。そこで「鎮將府」宛「徳川家臣大挙告文」をしたため勝海舟に託している。その内容は①「王政日新」は希望するところだが、一、二の強藩の私意に出、徳川慶喜に朝敵の汚名をきせ、旧幕臣を路頭に迷わせようとしている。②これら旧幕臣のため蝦夷地開拓を願い出たが許されなかった。③そこで、「皇国一和」の基を開くため、あえて一戦を辞さない覚悟でこの地を退去する、として北に向かったのである。八月一九日品川沖より脱出、途中、暴風にあい咸臨丸を失い、仙台で東北にいた旧幕府の幹部、仙台藩「額兵隊」、会津藩、その他佐幕諸藩士を乗般させ、一〇月二〇日蝦夷地鷲ノ木に上陸。箱館五稜郭を占領し、一二月一五日新政権の成立を宣し、選挙によって榎本武揚が蝦夷嶋総裁となる。

ところで、榎本武揚は何故蝦夷地を目指したのか。実は榎本には亡命の余地があったのである。それはハワイである。一八六八年(明治元年)四月に一五〇人の日本人がハワイに向けて出航していた。戊辰戦争で職を失った人々が国外に働き口を求めて移住したのである。彼等を周旋したのが、当時横浜に在住していたヴァン・リードという米国人である。榎本武揚はオランダで国際法を学んだおり、他国に亡命するというのは古くから慣習(法)として存在することを知っていた。先のハワイ移住者(ハワイ移民元年)も外国人からは一種の亡命とみなされていた。

ヴァン・リードは、九月一二日付でハワイ王国外務大臣フィリップ宛に榎本艦隊の受け入れを要請している。そして、ヴァン・リードは一〇月八日にチャーター船で旧幕府の高官一人を同伴して仙台に行き、一〇月一一日に榎本武揚と会見し、榎本艦隊の船を帝に引き渡すか、さもなければ、八隻の艦隊とその乗員四、〇〇〇人余をハワイ王国領内に亡命させるか、そのいずれかを選ぶよう説得した。榎本武揚はこのときのことを一通の書簡として明治三九年（一九〇六年）五月一七日付で「……拙者艦隊を率いて仙台に赴きし節、横浜在留の布哇国領事米人来仙して、拙者に該国へ渡航せん事を頻に勧めし事有之。意外にも拙者が恐らく外国へ循走するも難測様との風説も有之趣開及居候に付、転結し、丹心不許応々と賄したる訳に候為念……」、この書簡は松前町出身の政治家、吉田三郎左衛門宛のものである。榎本はヴァン・リードの提案に感謝したが、それを断り初期の目的どおり箱館を占領し旧幕府軍の要求を新政府に求めることとした。

榎本武揚が蝦夷地行きを固執した理由は、旧幕臣の生活の場を求めることの他に蝦夷地を南下政策をとるロシアから守ることが新生日本にとって大事だとの認識をもっていたからである。実は、榎本は嘉永七年（一八五四年）三月から一一月初めまで約八カ月間にわたって蝦夷地を巡検しているのである。榎本釜次郎満一八歳のときで、まだ長崎海軍練修所生になる前である。幕府は、日米和親条約が締結された一八五四年三月、急遽蝦夷地巡検を目付堀織部正利凞（後に箱館奉行）に命じた。同行者は勘定吟味役村垣範正が任命された。釜次郎は父榎本円兵衛の計らいで、堀織部正利凞の小姓として、この巡検に加わったのである。

幕府が堀織部正に蝦夷地派遣を命じたのは、ロシアのプチャーチン艦隊の来航で

榎本艦隊

ある。ロシアはそれまで日本への使節団としてラックスマン（一七九二年）、レザーノフ（一八〇四年）を派遣していたが、アメリカがペリー率いる軍艦四隻を日本に派遣するとの情報に接し、ニコライ一世は、急遽エフフィーミー・プチャーチン海軍中将を長とする日本および中国へ使節団の派遣を決定したのである。プチャーチンは一八五二年一〇月七日「バルラダ」号でクロンシュタット港を出発し、英国のポーツマス港を経て、喜望峰を迂回し、さらにシンガポール、香港を経由して、小笠原の父島で四隻の艦隊を編成して、一九五三年八月二二日ようやく長崎港へと到着したのである。約三三〇日の旅であった。ペリーの浦賀港到着に遅れること一カ月であった。

プチャーチンは、幕府任命の筒井昭前守正憲、川路左衛門尉聖謨らと、一八五四年一月一八日から長崎において交渉を開始した。筒井、川路らは開国要求の回答を延期する政策を採った。プチャーチンは修好、通商、国境画定の要求を記した条約草案を日本側に手渡して一旦長崎を離れたが、幕府が同年三月三一日に日米和親条約を結んで開国した情報を知り、同年一〇月ディアナ号を大坂に回航させ、幕府に開港を迫った。幕府は先にもし日本が外国と条約を結んだ場合には、ロシアにも同一の待遇を与えるという言質を与えていたからである。交渉は下田で一二月二二日から始まり、遂に一八五五年二月七日合意に達し「日露和親条約」が成立した。

幕府が堀織部正らに蝦夷地巡検を命じたのは、プチャーチンの交渉の中に国境画定の件があったからである。ロシアと日本との間では、千島と樺太をめぐり、国境が画定せず、事件が絶えなかったからである。当時樺太はロシア人、アイヌ人、日本人が混住していて、ロシアは自国を主張し、幕府は、樺太は蝦夷地の一部(北蝦夷地と呼んでいた)として日本の領地としていた。また、千島は択捉島までは幕府が実質支配していたが、ゴロヴニン事件などが起き、それらの処理に苦慮することが多かった。

巡検使一行は五月に松前藩の居城福山城に到着し、日本海を北上し宗谷まで行き、そこから樺太のクシュンコタン（大泊）まで視察した。日本人の商人が、堀織部正利凞に「一日も早く私達が安心して住めるようにしてください。このままでは、この地をロシアに取られてしまいます」と訴えたという。釜次郎ら一行は八月二〇日無事に箱館に戻ってきた。その一〇日後にプチャーチンの率いるロシア艦隊が箱館を来訪した。副官ポシエットは、堀織部正利凞を訪ね、ロシア皇帝からの開国要請の国書を手渡して箱館を去った。釜次郎はロシア艦隊の迫力に衝撃を受けたに相違ない。

日露和親条約において国境画定はその第二条で、千島に関してはウルップ島以北をロシア領、択捉島以南を日本領とし、樺太に関しては境界を設けず「これまでの仕来り通り」とすることになり、樺太問題を後に残した。

この旅で、榎本釜次郎は、内陸の札幌や後に榎本農場を開設する対雁《ついしかり》（現江別市）まで旅をし、北海道の資源の豊かさを確かめている。また釜次郎は五稜郭の設計者である箱館奉行、諸術調所教授武田斐三郎に会ってその設計図をつぶさに見ている。五稜郭は日本ではじめての洋式築城で、武田は一冊のオランダ築城書を頼りに作り上げた。五稜郭は釜次郎が江戸に戻った（一八五四年一一月）翌年の安政二年（一八五五年）から築城が始まり、元治元年（一八六四年）に完成している。釜次郎がこの旅において箱館の船問屋佐藤半兵衛から蝦夷地図を得ている。榎本武揚が鷲ノ木に上陸したのも箱館五稜郭で戦ったのも、若き日の蝦夷地巡検隊に加わった経験が背景にあったといえよう。

さらに、榎本武揚が蝦夷地を目指した背景には、オランダ留学中における北欧の風土に順応し、北の大地を恐れることがなかったことと、北海道の農業開拓が可能な点を見抜いた点にある。榎本釜次郎のオランダ留学は満三年半にわたる。札幌は北緯約四三度、オランダの首都アムステルダムには北緯約五二度である。江戸っ子の榎本はオランダの厳しい冬の季節を経験し、オランダの干拓事業による農地造成、オランダの畑作農業の実態を肌で感じ取っていた。

榎本艦隊の江戸湾脱走は、行き先は戦略上海を隔てた蝦夷地しかなかったといえばそうであるが、それまでの榎本の経験が北辺の守りと蝦夷地開拓に夢をかけたといえよう。

二　榎本武揚は何故無罪放免になったか

榎本武揚の蝦夷地支配は長く続かなかった。江戸湾脱出後も機会あるごとに、蝦夷地行きが朝廷に反対するためでなく、開拓によって徳川旧家臣の生活を助けようとするものである旨の嘆願書を出している。また、蝦夷地制定後の一二月二日にも、政府宛嘆願書を英仏艦長に託し、公使を通じて陳情している。しかし、新政府は初めから賊軍として討伐する方針であった。新政府は早くも明治元年（一八六八年）一一月二四日には徳川昭武（慶喜の弟）に箱館の旧幕府軍追討を命じている。しかし、榎本艦隊虎の子の開陽丸が江差沖で座礁し失ったとはいえ、海上権は榎本軍にあった。新政府は幕府がアメリカに注文し、建造を終え既に江戸湾に回航されていた戦艦ストーン・ウォール・ジャクソン号（甲鉄艦）の引渡しをアメリカと交渉し、明治二年（一八六九年）二月三日に政府のものとなった。これで、甲鉄艦を中心に艦隊を組み、三月二日に品川沖を出航し箱館に向かった。また、陸軍も北上し、四月九日乙部に上陸し、戊辰戦争最後の戦いが始まり、激戦の後、榎本軍は降伏し、五月一八日五稜郭開城となった。

榎本武揚は決戦の前日五月一六日に降伏の意を密かに政府軍に伝えた。榎本は「百歳期するところに愆えるを愧ず」(おれの計画がうまくいかなかったことがはずかしい)。また、「報い得たり一朝雨路の恩」(これで主家徳川家に義理を果たした、節を守り、ベストを尽した)。榎本は決戦を前に全責任を負い、部下の生命を助けるのが武士の道であることを思い切腹を決意し、介錯を北辰一刀流の大塚雀之丞に命じ、腹に短刀を突きたてたが、大塚が太刀を投げ捨てて榎本の短刀をもつ手に取りすがり、説得して自刃を諦めさせた。大塚は短刀に取りすがったとき三本の指を落としたという。

官軍の参謀黒田清隆は、戦況が終末を迎えようとしている五月一二日に箱館病院長高松凌雲(かつて、慶喜の大阪における奥詰医師)等をとおして恭順《きょうじゅん》勧告。五月一四日には田島圭蔵を使者として降伏を勧めているが、榎本はこれを拒否し、万国航海法『海律全書』を黒田に贈る。黒田清隆は一貫して、榎本を死なせないで降伏させようと努力した。黒田は五稜郭の北側の有川という海岸で野営をしていたとき、曽我、増田の両参謀と密談をしている。後年、明治四二年榎本武揚亡き後、曽我裕準（陸軍中将）は堅い口を開いて「黒田の発議で、賊将等が降伏したら、その生命は我々が必ず救ふ即ち生かすことに尽力するという約束をしました」と述べている。

黒田清隆は榎本のありあまる才能を惜しみ、新生日本に役立たせようとしたのである。しかし、その背景には、黒田は江戸の江川塾で、青年時代共に榎本と蘭学を学んだ旧知の仲だったのである。それから最近いわれていることは、榎本は敗れても殺さないという密約が、勝海舟と西郷隆盛との間でされていたという説である。榎本艦隊の江戸湾脱走は、幕府側最後の抵抗であり、今で言うガス抜きの役割を果たさせることに同意していたというのである。勝は有能な第一弟子榎本を惜しみ西郷隆盛に依頼し、西郷は同じ薩摩の黒田にそれを託したのである。その証拠とでもいうか、西郷は鹿児島から薩摩の蒸気船で密かに五月二五日に箱館に行っているのである。箱館に着いたときは、既に榎本は降伏し囚われて、東京に護送中であり、黒田も戦場を後にしていた。西郷はそれを知ると上陸もせず直ぐ鹿児島に戻ってきている。勝と西郷の密約があったかどうかは定かでないが、箱館戦争終了後のシナリオについて対話があったことは確かなようである。

榎本武揚を含め箱館戦争の武将六名は、明治二年（一八六九年）五月二一日、囚人用の網籠に乗せられて箱館を出発し、六月三〇日に東京に到着した。榎本は箱館を出発する際、「首謀者は私と松平太郎であり、他の四名は役職で選ばれた者達なので、同じ扱いにしないでもらいたい」と願い出たが聞き入れられなかった。榎本等は陸路東京に護送された。榎本は道中、虫が籠のなかにいるのを見て、「松虫の啼くふしなくばなかなかに、籠のうちには籠らざらまし」とその心境を詠んでいる。しかし、道中は意外と護送官吏も寛大な取扱いをし、民衆も好意的であった。東京到着後直ちに榎本等は辰ノ口の兵部省糺問所付属の仮監獄に収監された。また、沢太郎左衛門ら四名は六月二八日政府の軍艦に収容され、船で七月四日に品川に到着、同じ辰ノ口に入牢した。箱館戦争で敗北した重罪犯人は一〇名である。その他の残兵は、それぞれゆるされて郷里に帰った。

榎本武揚らが赦免になるのは明治五年（一八七二年）一月六日であるから投獄生活は二年半余になる。なお、榎本だけは当分親戚宅に謹慎を命ぜられたが、それも三月六日には特使をもって無罪放免となった。牢獄内のエピソードは沢山あるが、ここではそれらを省略し、榎本武揚らが何故無罪放免になったかである。箱館戦争終了後に起きた、佐賀の乱（明治七年二月四日）の首謀者江藤新平、萩の乱（明治九年一〇月二八日）の前原一誠は、それぞれ死刑に処せられているのである。

榎本らに対する辰ノ口牢屋での待遇も決して厳しいものではなかった。また、糺門所での取り調べは一回だけであった。しかも取り調べにあたったのは、先の有川の密約の当事者である曽我裕準と増田虎之助であり、二人の尋問を監視していたのは土佐の板垣退助であった。明治四二年の曽我参謀の談によると、榎本がまだ東京に送られる以前の六月八日に太政官に出頭させられ、「榎本以下の処分について意見を具申せよ」と命じられたという。そこで「……就テハ榎本等モ死一等ヲ減ジ……」と早くも有川の密約の線を太政官に申し出たという。

榎本武揚の助命運動に奔走したのは黒田清隆である。黒田は榎本より四歳年下であるが、先に述べたように江川塾での先輩、後輩の仲であった。それはともかく黒田は榎本の優れた人間性と、当時の日本が最も必要としている学問と技術を身に付け、今後の日本の発展にとって掛け替えのない人物であることを見抜いていたからである。黒田は頭を丸坊主にしてまで榎本の助命を嘆願している。

黒田清隆と共に榎本の助命に尽力したのは福沢諭吉である。福沢諭吉の妻の実家と榎本武揚の母の実家とは遠縁続きである。また、榎本武揚の妹婿の江連とは旧幕時代に外国奉行所に勤めていた仲である。しかし、福沢と榎本との直接の接点はない。榎本の母と姉は静岡に在住していた。江連もまた静岡であった。母や姉は入牢した武揚の様子を聞こうと東京の親戚に手紙を出したが、朝敵のため政府にはばか

丸坊主になって榎本助命に
奔走する黒田清隆

って音沙汰がなかった。そのため江連は福沢に手紙を出し、牢内の榎本の状況を知らせてくれるよう依頼した。義侠心の強い福沢は東京の榎本の親戚の不人情を怒り、自分で調査して江連に詳しい報告をした。それ以来家族からの榎本への差し入れが始まった。明治二年九月頃からである。また、榎本が大病になった噂が広がったので、福沢は自分で母が書いたような名文の面会嘆願書を書いて、母から政府に提出させた。その結果、品川脱走以来、一年余にして母と榎本は牢内で面会できた。手紙や差し入れも自由になった。

朝議では薩長の大臣のうちに榎本斬罪を主張する者もおり、黒田清隆が丸坊主になっての嘆願書、福沢の助力にも拘わらず結論がなかなか出なかった。そこで、大久保利通が西郷隆盛の意見を求めようということになり、西郷の一言で朝議が一決し無罪となった。

榎本武揚が結局、斬罪されなかったのは、榎本の人間性とその才能が下地にあったとはいえ、その他に当時の日本の国際関係が係わっていた。箱館戦争のときも榎本艦隊にはフランスの軍人ブリューネをはじめ五人のフランス軍人が同乗し、共に戦っている。国際人榎本は鷲ノ木に上陸すると、直ちにフランス語で箱館にある列強の領事宛に、我々は交戦団体であるが、戦争が起こっても大阪での中立協約どおり「局外中立」を保持することを要請し、英仏両国は「厳正中立」の態度をとることの覚書を交付している。なお、交戦団体かどうかについては各国の公使の意見がわかれ、箱館港封鎖は許されなかった。

敗戦後、囚われて辰ノ口牢屋に入れられてからも、榎本達敗軍の処罪には各国とも関心をもち注意深く見守っていた。朝議では断罪を主張する強弁派の木戸孝允や大村益次郎らも各国と箱館戦争、榎本武揚との係わりを完全に無視することはできにくい国際情勢を知らないわけではなかった。榎本武揚の無罪放免はいろいろな要素があったが、この国際関係もその一つであった。榎本らの無罪放免までは紆余曲折があったが、福沢諭吉の手紙によると、榎本の死罪は明治二年九月頃から薄れていたようである。榎本は、牢内で北海道開拓構想や殖産興業に係わるいろいろな実験や製造を試みていたのも、うすうす死罪を免れることを感じ取っていたからではなかろうか。

三　北海道開拓への情熱
知られざる農業面について

榎本武揚は無罪放免になった二日後の明治五年（一八七二年）三月八日に「開拓使四等出仕被仰付候事」という辞令を新政府より受け取った。勅任官で四等というのは県令（知事）相当であり、送り迎えは馬車つきである。当時、蝦夷地は北海道と改称（明治二年八月一五日）し、箱館も函館に変わっていた。開拓使は明治二年七月八日に設置されていた。

政府が北海道開発を急務と考えていたのは、北方からのロシアの侵略に対する守りと不毛の地を開拓して富有の土地にするためであった。政府は箱館戦争の平定を見越して、明治二年五月に天皇より蝦夷地開拓の件について下問があり、その審議が求められていた。その三ヵ月前の二月、箱館戦争中に岩倉具視は「蝦夷地開拓の事」という建議を上奏している。その内容は「蝦夷地開拓の儀は、多年有識の論ずる所と雖も、幕府姑息にて比事を施行せざりしは遺憾と謂ふ可し、夫れ魯西亜人の此土に垂涎すること実に久し、天の皇国に付与せし地を棄てて顧みず、魯西亜人をして恣に蚕食せしめんとするは、是れ何等の事ぞや……」。岩倉は北海道開拓こそがロシアに備える国防上、一日もゆるがせにできない緊急の大事だと力説しているのである。その結果、開拓使が設置された。

黒田清隆は明治三年（一八七〇年）五月に開拓吏次官となり、北海道開拓の実質的責任者になった。久世長官は全権を黒田に委譲していたが、明治六年八月辞任、黒田が長官を兼ね、明治七年に長官になると以後次官をおかず、八年間独裁制を敢行した。黒田は開拓次官に就任すると、すぐに樺太に出かけてロシアの官憲と親善を試み、帰路は北海道西海岸を視察し、帰京後に「一〇月の建議」をする。その要旨は樺太に見切りをつけ、北海道開拓に専ら力を注ぐというものである。その方策として、西洋文化を全面的に導入すべきという結論であった。

この建議によって、黒田は明治三年一一月に米国出張の命令を受け、翌明治四年正月四日に七人の留学生を引率してアメリカに向った。榎本はまだ獄中であり、留守中に処刑されては大変と、出発前に岩倉具視と三条実美に書簡を送り西郷の登用と榎本放免を嘆願している。黒田は北海道開発の基本構想を策定するにあたりアメリカ農務省長官ケプロンを高級顧問として開拓使に雇うこととした。アメリカ顧問団はケプロンを中心にアンチッセル、ワーフィールドであった。そして、北海道開拓基本調査は明治五年（一八七二年）の雪解け時期と決められた。

ケプロンは夫人同伴で明治五年五月一八日に米艦コロラド号で函館に到着した。ついでが、ケプロンとアンチッセルは仲が悪く、またアンチッセルは明治五年に行った予備調査で開拓使官吏と喧嘩し、ワーフィールドは酒の上で解職されたので、ケプロンはやむなくライマン、モンロー、ワッスン、ディーラを呼び寄せていた。ケプロン一行は明治五年に北海道開発に関する予備調査を行った。

一方、開拓使四等出仕の榎本武揚には、辰ノ口牢屋組の松平太郎、大島圭介、荒井郁之助が「開拓使五等出仕」に任命された。なお、荒井郁之助はアンチッセル、ワッソンと組んで明治六年四月一五日に東京に開拓使仮学校（札幌農学校の前身）を開設している。榎本の任務は「北海道鉱山検査巡回」であったが、黒田は外国人顧問団とは別に榎本に自由に調査をさせていた。榎本は横浜から客船に乗り、五月三〇日に函館に到着した。生きて再び函館の地を踏むとは本人は勿論誰が想像しえただろうか。榎本は戦死した同僚の土方歳三や回天の艦長であった甲賀源吾などの墓にお参りをして安らかに眠ってくれと祈った。

榎本は函館到着翌日から悲願であった北海道の調査に着手した。榎本の開拓使時代は僅か二年たらずであるが、彼の調査は鉱物資源ばかりでなく、気象、地質、物産一般に及んでいる。本筋の鉱山調査では空知炭山、静内石炭山の発見である。石狩炭山の優秀性は明治五年に彼が実証しているが、歴史上ではライマンが実証したことになっている。榎本は明治六年の調査で十勝の砂金場を発見しているが、これもライマンの助手モンローが、榎本の人夫が他から持ってきて川に投げたに違いないと悪質な批判をしている。

黒田清隆はケプロンと榎本との両意見を取り入れ開拓構想を具体化しようとしたが、ケプロンと、榎本とは真っ向から対立することとなる。北海道開拓に関する構想会議は明治六年一月から三月にかけて、黒田、ケプロン、榎本の三者会議が五回ももたれるが、前年の岩内郡茅沼炭鉱の輸送問題と同様に幌内の石狩炭山の輸送問題で輸送方法を巡り、ケプロンと榎本は対立する。ケプロンにしてみれば、高級お雇外国人として、榎本の科学者としての優秀性を認めがたい自尊心があったのであろう。ケプロンは黒田とも対立し批判することになる。ケプロンも榎本も黒田の別働隊で、民政にはタッチしていなかった。開拓使が藩閥の支配を強めたり、巨額な鉱山開発予算の使途など黒田の独裁が開拓使内部でも非難されるようになり、開拓

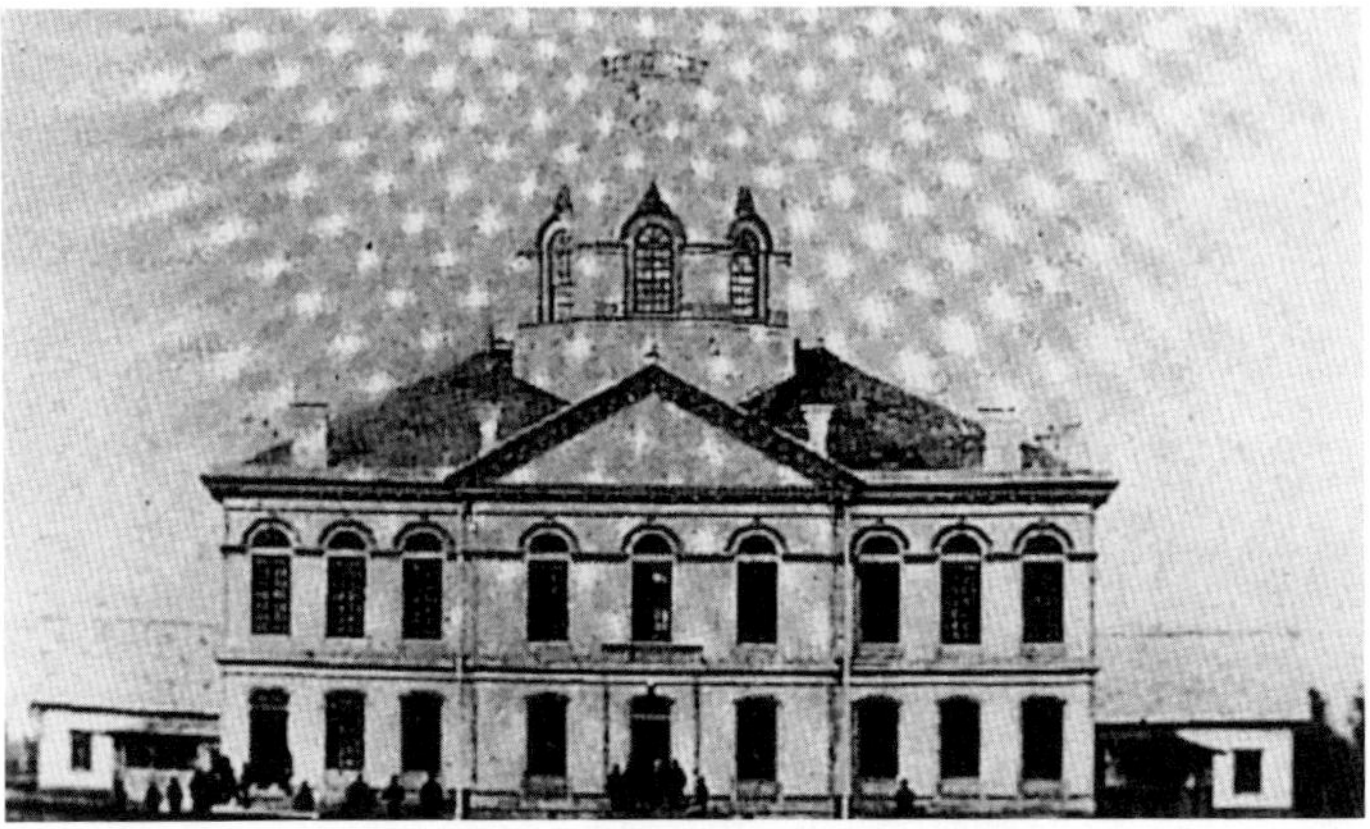

近代的な開拓使庁舎（明治６年）

使岩村大判官と衝突してしまう。黒田は岩村を免職にし、その後任に榎本武揚を中判官として明治六年一月に任命している。

さて、榎本武揚はケプロンとの対立はともかくとして、道内の調査に没頭した。ここに榎本武揚の明治六年九月一六日から一二月一日までの『北海道巡回日記』がある。榎本は北海道の鉱山、調査を政府より命ぜられたのだが、この日記を見ると、そればかりでなく気象、地形、地質、農業、漁業、アイヌの生活、文化までおよび、さらにそれらの開発可能性、改良方法にまで触れているのである。

農業だけを見ても「豊平左岸ノ地ヲ関スルニ実ニ最高ノ畦トナルベシ」（九月一

七日）、「（サッポロプト）、地味、百菜穀類共ニ佳大小豆ソバ等ハ七年以来肥ヲ用ヒズシテ上出来ナリト」（九月一八日）。「篠路ニ於テ清太郎ヨリ其畦地ノ顛末ヲ問ウニ一万坪の畦ニテ五人ヲ養フニ足ル由、但シ北海道は諸物共ニ一度取ルナルヲ以テ内地ニ比スレバ三倍ノ地ヲ要スルナリ」（九月一九日）。これによって当時、北海道土地生産力が内地の三分の一であることがわかる。第二次大戦後の農地改革で地主保有地が内地の四倍であったことなどと較べて興味深い。また、後に榎本農場になる「対雁」も調査している（九月二三日）。翌九月二四日には「対雁河ノ右岸桑地ヲ見分」している。

当時、原始林を伐採して開墾するのは大変な労力が必要であった。特に大木の根を掘り起こすことは人力か馬の利用であったが、榎本はオランダ時代の経験から、日本ではじめて火薬を使って伐根を試みている「豊平川向岸ニ赴キ破裂薬ヲ生木ヲ砕クコトヲ試ム頗ル可」（九月二六日）。当時、自他共に「化学」の第一人者と認められていた榎本の面目躍如たるものがある。「胡麻畦」の視察（九月二五日）。「（サンプト）仙台移住地ノ処ノミ土稍肥気象甚佳ナルノミ然レドモ放牛馬ニハ好地多シ」（一〇月九日）。「（ユーブツ）地味ハ未タ十分ノ地ヲ見ズ放牛馬ニハヨシ」（一〇月一〇日）。「（シブチリ）の沢ハ大抵皆百穀ニ宜シク其幅ハ平均一五丁長サハ四里半ニ及ブ小麦麻油菜等ニ極テヨシ、樹木稀ニシテ……人夫ハ壱日二人ニテ三百坪を開墾ス……西瓜トーナス皆能ク熟ス」（一〇月一一日）。「幌泉出発直ニ一個ノプラトーヲ行ク此（プラトー）甚広シ好牧場トナルベシ」（一〇月二〇日）。「広尾ヨリ以東ハプラトーニシテ……圃ヲ作ルトキ上好ナルベシ」「十勝広尾ヨリ当縁迄……廃地トナレリ然ルニ他年モシ圃ヲ起スモノアレバ必ズ麻粟麦等ノ多産ノ地トナルベク」（一〇月二一日）。「（大津）静岡藩ニテ比地ヲ領セシ頃麦粟大豆ヲ二年試ミシニ穂ハ出レドモ実ナカリシト云ウ只大根ササギコシヨイモハ熟シタリト」（一〇月二七日）。「（厚白別）牧場及圃ト為スベシ大根蕃薯ササギ麻等ハ皆能生長スベシ只無ナルヲ以テ敢テ試ミシ者ナシ」（一一月六日）。「浦川ヨリ（シブチヤノ）着牧牛ノ地ヲ一見ス」（一一月二三日）。

食品関係の観察として「空地ブトノ土人ハ楓樹ノ皮ニ春三月ノ頃切メヲ入置キ其汁ヲ取テ蒸物ニ用ヒ或ハ酒樽ヲ和シテ酒ヲ造リ以テ飲料ニ供ス真ニ天然ノ知ト謂フベシ」（九月一六日）。「楓糖葡萄酒等ノ製法ヲ北垣子ニ伝フ」（一〇月一七日）。「（ガンビ、カバ）樹モ楓ト同ジク砂糖ヲ製シ得ルコトヲ聞ケリ現ニ証アリ発明ハ土人ニアリ」（一一月第一日）。

農業のほかに『北海道巡回日記』には随所に漁業の実地調査の記述が見られる。榎本武揚は北海道開発の産業を鉱業、農業、漁業にあることを確実に見抜いていたのである。恐るべき観察であり、それらが科学的裏付けをもっていることである。榎本武揚は明治五年五月三〇日函館に上陸以来、六月一日から八日まで函館近辺の山の鉱物調査（湯ノ沢で石脳油発見）。夏頃、道北東地方の鉱物調査。そして明治六年八月末から一二月まで「イクシベツ、空知川沿岸の石炭調査。一〇月七日札幌を発ち道東調査を一二月一日まで行なう。鉱業、農業、漁業といった産業の他に地形、地質、気象も調査している。気象観測は海軍軍人として必須科目であった。気象が農作物の被害に直結することに着目し、北海道到着後直ちに「函館測候所」を設置している。榎本は調査を終え、明治六年一二月二二日帰京届を提出し帰京する。

榎本武揚の北海道開拓にかける夢は消えず、海軍中将として駐露特命全権公使としてロシアに駐在していた明治八年（一八七五年）五月に「一地を借り昨日種子をまき候」と亜麻の農作実験を始めたことを日本に知らせている。亜麻は茎の組織がリンネル、寒冷紗となる植物であるが、北海道開拓使ではあまり重要視されなかった。榎本が前年（明治七年）に亜麻の種子を送ったのが北海道における亜麻栽培のはしりであった。麻よりも農作が容易で価格の高い亜麻の将来性を主張してやまなかった。榎本は技術屋の本領を発揮して亜麻こき機械まで発明した。因みに亜麻は日本陸軍の軍服用として第二次世界大戦終了まで、北海道の主要工芸作物の一つであった。

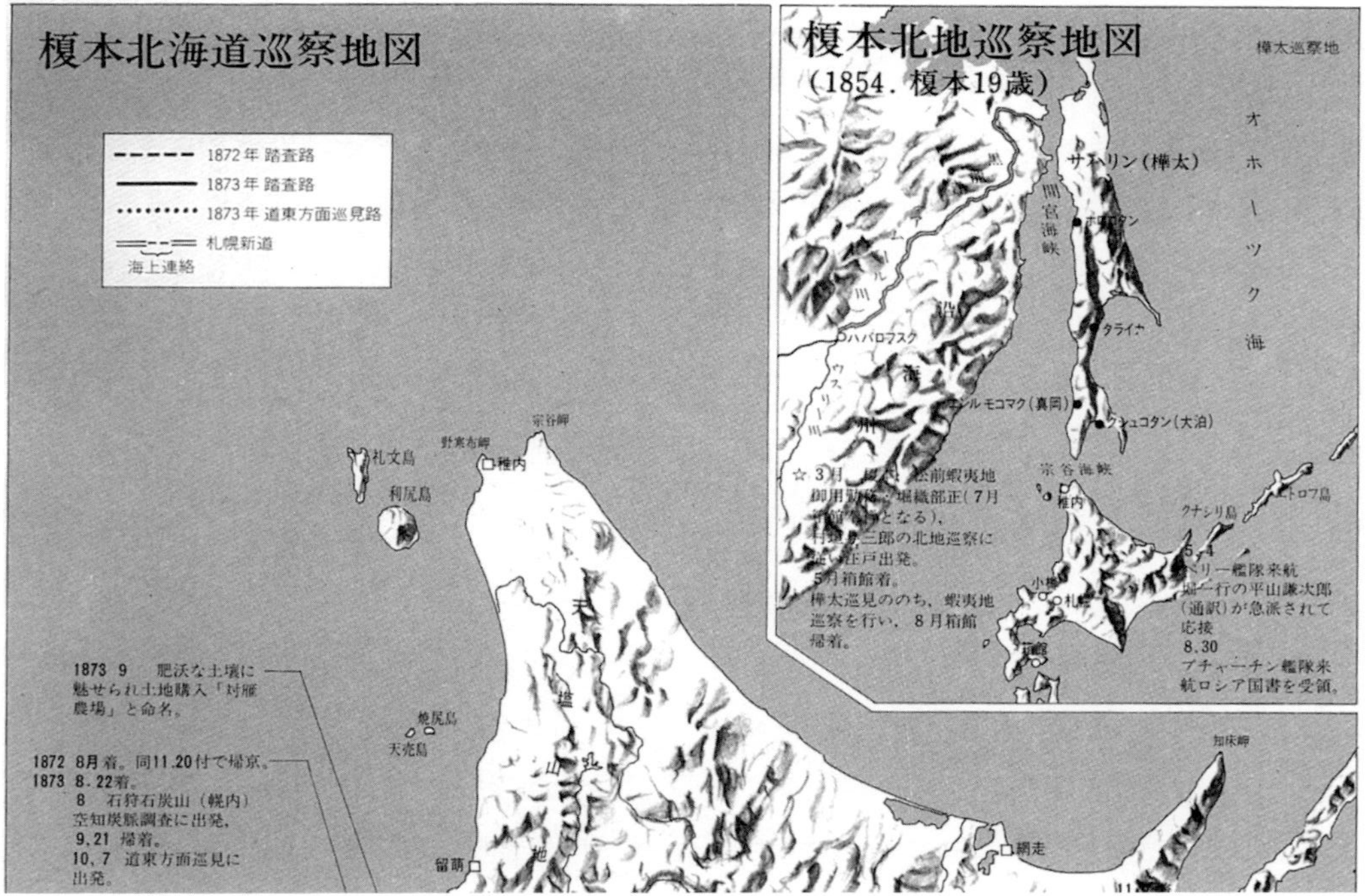

榎本北海道巡察地図
1872年 踏査路
1873年 踏査路
1873年 道東方面巡見路
札幌新道
海上連絡
礼文島
利尻島
野寒布岬
稚内
宗谷岬
焼尻島
天売島
留萌
網走
知床岬
1873 9 肥沃な土壌に魅せられ土地購入「対雁農場」と命名。
1872 8月着。同11.20付で帰京。
1873 8.22着。
8 石狩石炭山（幌内）空知炭脈調査に出発。
9.21 帰着。
10.7 道東方面巡見に出発。
榎本北地巡察地図
（1854. 榎本19歳）
樺太巡察地
オホーツク海
サハリン（樺太）
間宮海峡
クライナ
クシュコタン（大泊）
ハバロフスク
宗谷海峡
稚内
クナシリ島
エトロフ島
5月箱館着。
樺太巡見ののち、蝦夷地巡察を行い、8月箱館帰着。
ペリー艦隊来航
一行の平山謙次郎（通訳）が急派されて応接
8.30
プチャーチン艦隊来航ロシア国書を受領。

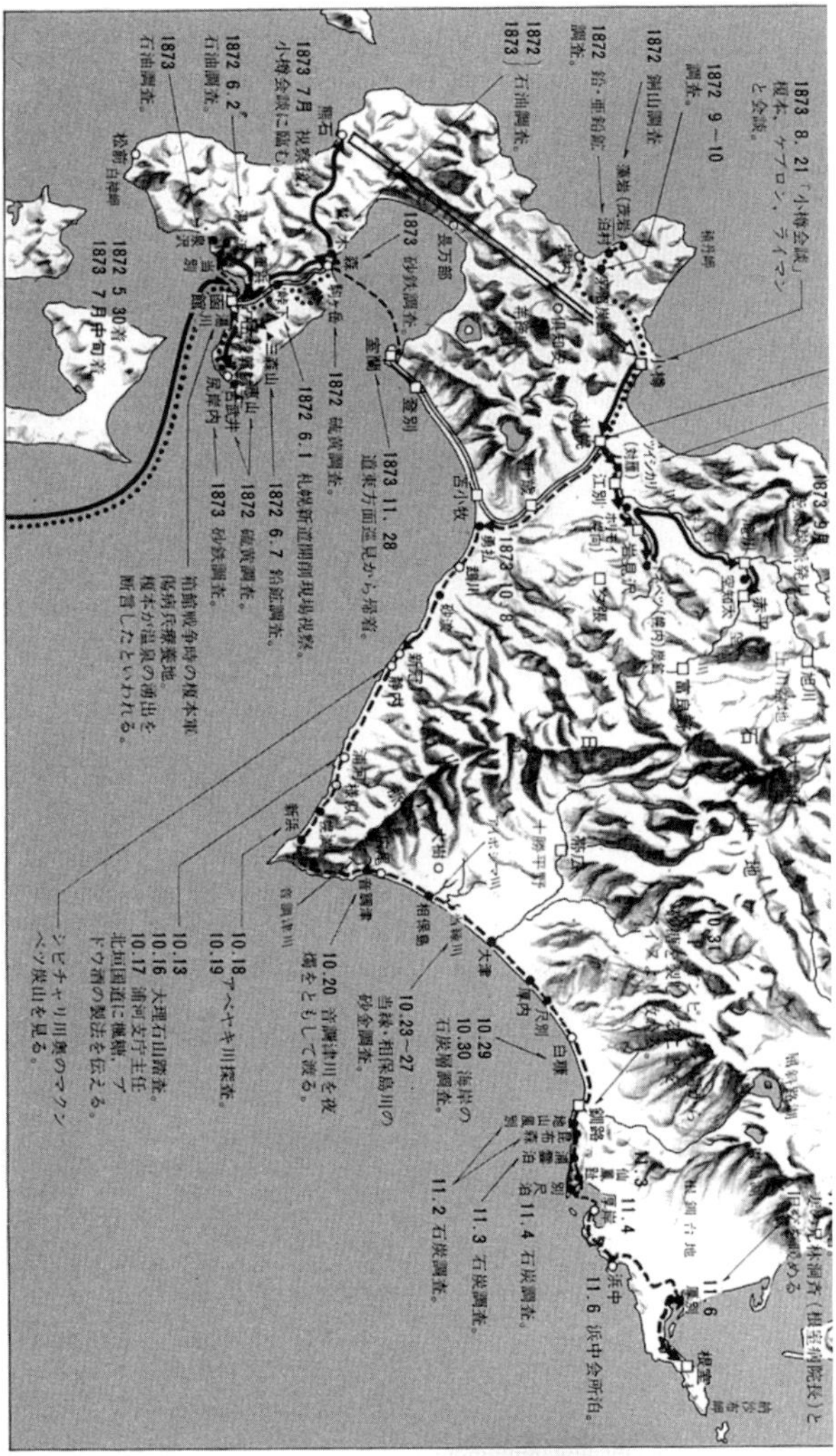
1873 8. 21「小樽会議」榎本、ケプロン、ライマンと会談。
1872 9－10 調査。
1872 鉛・亜鉛鉱調査。
1872 1873 石油調査。
1873 7月 視察後、小樽会議に臨む。
1872 6. 2 石油調査。
1873 石油調査。
1872 5. 30着
1873 7月中旬着
1873 砂鉄調査。
1872 硫黄調査。
1872 6. 1 札幌新道開削現場視察。
1872 6. 7 鉛鉱調査。
1872 硫黄調査。
1873 砂鉄調査。
箱館戦争時の榎本軍傷病兵療養地。榎本が温泉の湧出を断言したといわれる。
1873 11. 28 道東方面巡見から帰着。
1873 10. 8
10.18 アベヤキ川探査。
10.19
10.20 音調津川を夜焔をともして渡る。
10.13
10.16 大理石山調査。
10.17 浦河支庁主任北垣国道にブドウ酒の製法を伝える。
シビチャリ川奥のマクンベツ炭山を見る。
10.23～27 当縁・相保島川の砂金調査。
10.29
10.30 海岸の石炭層調査。
11.2 石炭調査。
11.3 石炭調査。
11.4 石炭調査。
11.6 浜中会所泊。
小樽
札幌
室蘭
苫小牧
函館
釧路
根室
十勝平野

榎本武揚は駐露特命全権公使として、懸案の「千島樺太交換条約」(明治八年五月七日)を成立させ、明治一一年七月一六日シベリア経由でペテルブルグを出発するのであるが、七九日間の旅行は有名な『シベリア日記』に克明に記されている。日本人最初のシベリア横断であり、その記録は一級品の折り紙つきである。その内容は鉱物、農牧業、商業、民俗、軍事配置、気候、地形とあますところがない。農業の部分だけ抜粋してみたが紙枚の関係で割愛せざるをえないが、シベリア旅行が、北海道開拓を視野に入れての計画だったことは確かである。日本人は一般にシベリア横断といえば、単騎横断した福島安正(後に陸軍大将、男爵)が有名であるが、福島がシベリア横断したのは明治二五年二月から一年余りを費やしての旅行であり、榎本武揚の横断一四年後のことである。榎本は福島に経験を話したのであろうことは想像できるが、榎本の『シベリア日記』は大正一二年の関東大震災時まで発見されず、生前に公表されることがなかったのである。

ともあれ、榎本武揚の北海道開発における熱意は強く、しかも農業に関する知識の豊富さには学ばざるをえない。

四　対雁《ついしかり》、榎本農場

北海道開拓使は明治五年（一八七二年）六月に「札幌諸郡ニ於テ、官員ヨリ平民ニ至ル迄、開墾地所希望候者其土地検査ノ上、一戸ニ付キ一〇万坪ヲ限リ割渡ス」という土地払い下げの規則を布達した。さらに同年九月には土地売貸規則を改め「未開地一人一〇万坪ヲ限度トシ、地券ヲ交付シ、起業着手ヨリ一〇年間免税、上等地ハ一年以内ニ着手シナイ場合ハ、上地ノ事」と定めた。因みに一〇万坪は約三三・三ヘクタールである。なお、北海道に屯田兵制が敷かれたのは明治七年（一八七四年）六月二三日であり、屯田兵の一戸分は五町歩（五ヘクタール）であった。

土地売貸規則が発令されても効果が上がらなかったので、官吏は率先して土地を買い、開拓に従事すべきだということになった。榎本は小樽と対雁の原野を早速開墾地として取得した。小樽の土地は現在の稲穂町にあたる。この稲穂町の土地は榎本武揚と北垣国道の共同で二〇万坪を借金で購入した。一、〇〇〇坪一円であった。

この土地は小樽港の発展と共に宅地造成が進み、地価が上昇し、日清戦争後その殆どが売却された。これが「役人の土地投機」と松本十郎大判官に非難された問題の土地である。榎本は土地投機を見越して購入したのではないが、結果的に農場として残らなかった。売った利益は旧幕臣の貧窮者の援助に使われたという。榎本武揚は明治の高官になっても決して偉ぶらず、浪費家ではなく、常に主家徳川家や旧幕臣に対して物心的援助を惜しまなかったといわれる。

榎本が本格的に開拓に力を入れたのは対雁(現在 江別町)に購入した一〇万坪の開墾地である。対雁は江戸中期頃から漁業場、あるいは石狩、千歳間の漁獲者の要路にあって石狩川交易の中継地であった。明治維新以前は鮭漁をする漁夫の寝食をする「番屋」と付近にアイヌ人七、八戸が居住するのみであった。番屋の経営者は山田文衛門であり、漁夫ばかりでなく、石狩、千歳に来往する旅客の宿泊の便もはかっていた。

「対雁は面積的一・六方里、豊平川末流を東西に挟み北、石狩川に臨み平野鉱漠地味肥沃にして耕耘に適せり」と村史に書かれている。榎本武揚が対雁が開墾適地と判断したのは、この地を何度も訪れて、石狩、札幌との交通立地や地味について熟知していたからである。最初は榎本が数え年一九歳のとき目付堀織部正利凞の従者として、一八五四年三月から一一月まで蝦夷地巡検の折、この対雁にもきているのである。その後開拓使出仕になってからも各地の調査のため、この地を通過あるいは宿泊している。

そういうわけで、榎本は明治六年九月に一〇万坪の払い下げ願書を開拓使に提出し、同一〇月三日に許可されている。この土地の払い下げ願書の名義は家来の大田金太郎である。恐らく小樽の土地払い下げ願書が榎本名義なので、一人一〇万坪が限度であるため代名義にしたのではないかと思われる。願書文は次のとおりである。

以書付　奉願上候

一、開墾地拾萬坪　此地代金五拾円也

右御地所請願仕畑地開墾仕度候間、別紙図面地所永代私有地券御下渡被成下奉願上候

尤御定則之地代金即納仕候間右願書之通被成下度此段以書付奉願上候　以上

明治六年九月

榎本武揚雇静岡県貫属士族

大　岡　金　太　郎

民事局　御役所　印

願之通
明治六年十月三日

榎本日記の明治六年一〇月五日によれば、「一〇月五日、雨、八時七度、一時十度半、午後六時半七度、本日対雁仮地券ヲ請取地代十万坪ニ付五十円ヲ納ム、午後登庁……早川ヲ対雁ニ住マシムル約ヲ為ス月拾四両二分ト定メ二ケ月分ヲ与フ」とある。翌日の日記には「一〇月六日晴雨不定。対雁伐木料及早川月給等ヲ岩藤子ニ托ス」健次文吉ヲ対雁村ニ十一月中旬マデ住居セシム」とある。

これによると榎本は自分が官吏で時間的にも直接開墾ができないので、早川長十郎を月給制で雇い、彼を責任者にして開墾をしようとしたのである。伐木料を支払っているところからみると、早川を管理人とした自営農場を目指したとみるべきであろう。早川はいいかげんな人間で、開墾ははかばかしくなかったといわれるが、農場経営が月給制では困難なことを榎本は気づいていなかった。農業はこの時代家族労働を中心とした家族経営が主体だったのである。

榎本農場の場所であるが、豊平川が石狩川に合流する地点と推測される。近くに大島圭介が鬼子富士太郎、次郎の名義で石狩川沿いに七万坪と四万坪を購入している。榎本農場は後年町村牧場の牧草地の一部となり、また、その一部は現在榎本公園（五六、〇〇〇㎡）になっている。

なお、榎本武揚が対雁開墾に寄せた熱意には並々ならぬものがあった。爆薬開墾を試みたのもその一つである。また明治一〇年一一月一五日付ロシアよりの書簡で、「小樽、対雁等にある野生等開墾地は、其後詳報を得ず、蓋し、北垣、松平氏等官途にあり、或は、他の見込み等により格別肩を入れざるかとの疑いなきに能わず。

野生察する所に而は、右開墾地より利益を得るはさて置き、現下数千金の借財も完清すべき見込み可無之哉と被在候。何れの道、右二三子の様子次第によっては野生独力にて志を遂ぐる積に而候。開拓使官員中には、北海道の地所買いたる者有之候哉否。但し、三、五千坪位へ大根畑を在官中にほじくり返し免官と共に断念するの徒は、先年来、某人なきにあらず。是輩は論外也。」と親戚でときの開拓大書記官山内提雲に伝えている。榎本の開墾への情熱は、ロシアにあっても、亜麻の農作実験などを行ない衰えることはなかった。

榎本農場の管理は、明治六年一〇月から八年八月までは早川長十郎が管理人となり、岩崎を監督代理とした。早川長十郎が物産局鉱山課雇として明治八年八月に採用になったので、明治八年八月からは新家孝一が管理人となった。新家孝一はのちに第二代対雁戸長となるが、対雁村史では榎本武揚の妻の兄と記述されている。榎本武揚の妻たつはオランダ留学生仲間の林研海（陸軍軍医本部長）の妹である。林研海はフランスで客死するが、研海の他に兄がいたかは筆者は知らない。新家孝一がいつまで榎本農場の管理人だったかは詳らかでない。新家孝一の次の管理人は村田某で、明治三五頃まで務めている。明治三五年頃から大正八年までは関伊助である。

榎本武揚が明治四一年（一九〇八年）一〇月二六日七三歳で没すると、農場全ての土地は長男金八（武憲）の名義となった。直営経営から小作契約に代わった時期がいつからかは定かでない。大正六年武揚の長男武憲が対雁にきて小作者と農場解放を協議し、大正八年二月一八日、九人の小作人に土地所有権を移転して小作解放を行なった。それまでの小作料はごく普通にして、小作争議や農業災害は全く見あたらずといわれている。

榎本農場の開墾が進むのと併行して対雁も発展する。道路は明治五年に札幌まで、明治一二年江別まで、明治一三年に当別街道ができ、同年官営渡船所設置。明治一二年三月駅逓設置、明治一三年二月九日、札幌区より分離独立、戸長役場設置、その他旅館、酒造家、寺院二箇所。明治一六年対雁小学校設立認可など村制の整備が進んだ。明治九年から同一四年までの戸数は、それぞれ一一〇戸、一一〇戸、一四三戸、一四二戸、一四二戸とあり、その人口はそれぞれ八七七人、八一九人、八一六人、七八〇人、七四九人となっている。対雁はこの地域の拠点として発展したが、明治一四年一〇月一〇日鉄道が厚別野幌を経て江別駅に通じてからは、その発展が頓挫した。しかし、対雁が江別市発祥の地であり、江別市の発展と共に、この縁の地が工業団地に指定されるにおよび、榎本農場と北海道開拓の要衝の地であったことを顕彰するために、榎本武揚顕彰碑除幕と榎本公園落成式が昭和四五年六月二四日に行なわれた。

榎本武揚顕彰碑（趣意文）は、黒御影石に次のとおり記されている。

「対雁は、黎明日本の明治政府における要職を歴任した、榎本武揚が、北海道開拓の雄志を託し、農場を開いたゆかりの地であり、江別市発祥の地である。これらの史実を永く後世の人々に伝える記念とするため、対雁住民の総意をこめて榎本武揚顕彰碑を建立する」

榎本公園建設期成会

昭和四五年六月　建立

題字　北海道知事　町村金五

製作　彫刻家　佐藤忠良

榎本武揚顕彰碑は鉄筋コンクリート造道産御影石張り、塔高五米五〇糎。直径一米六〇糎、ブロンズ製横二米、縦二米一〇糎。ブロンズ像は榎本武揚が道産子馬にまたがり左手を東方に向け、開拓の雄志を表現している。なんと台座は五稜郭をかたどっている。榎本武揚没後六二年にして、榎本武揚の北海道開拓の業績が再評価されたことは誠に意義深いものがある。

榎本武揚顕彰碑と榎本公園

榎本武揚顕彰碑

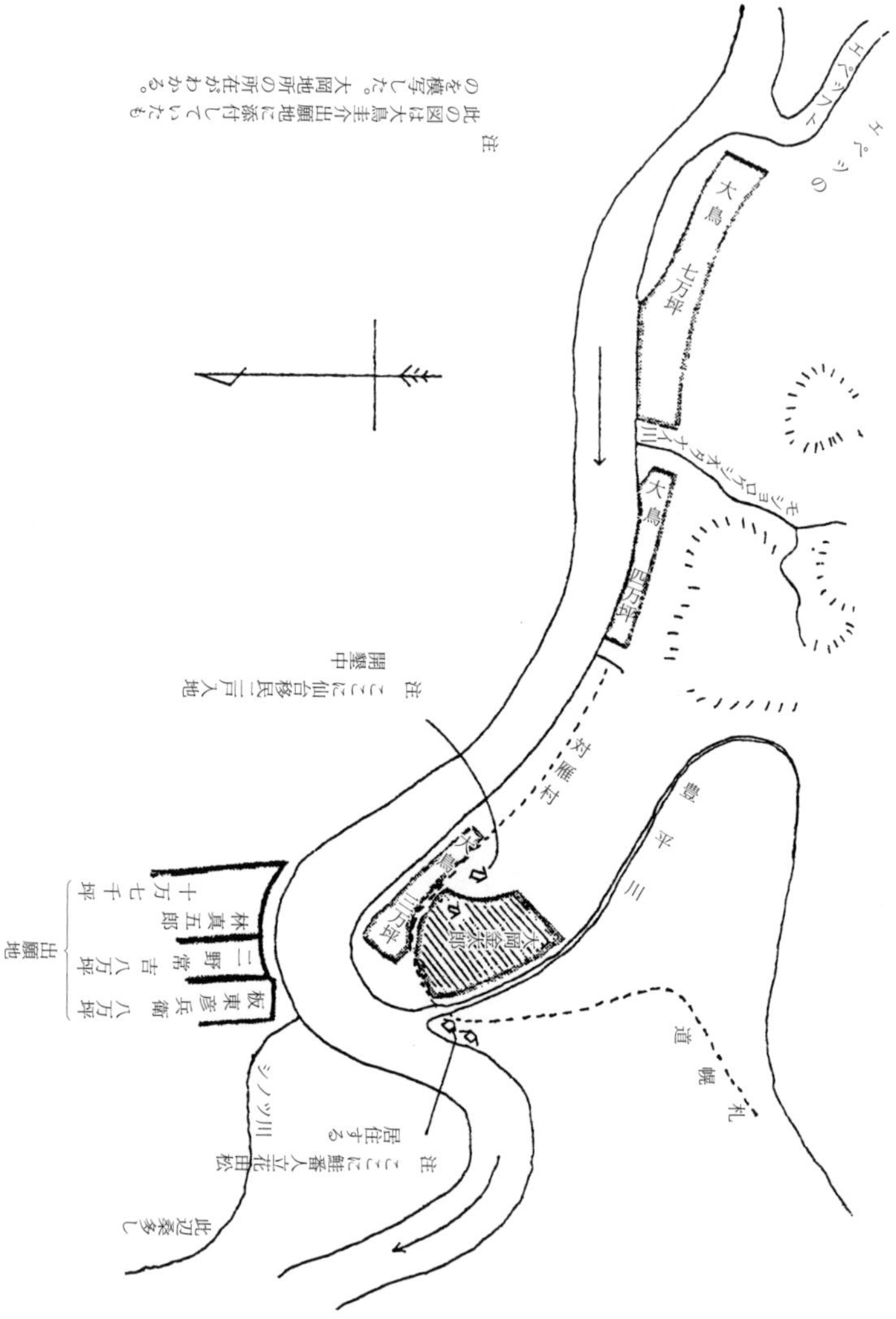

石狩州札幌郡対雁村地面（明治８年）『榎本武揚と対雁』

五　オホーツクキャンパスの実現

(一)　開拓の夢を次代に

榎本武揚の北海道開拓の夢は、榎本艦隊が品川沖を脱走し、五稜郭を占領して、選挙（幹部以上の入り札）により、榎本武揚が蝦夷島総裁になって実現の可能性は高くなった。しかし、新政府軍との戦いになり明治二年五月一八日に五稜郭は落城し、榎本は敗軍の将として囚われて、北海道開拓の夢はついえた。しかし、明治五年三月六日に無罪放免となり、開拓吏四等出仕を命ぜられ、明治五年九月再び北海道に渡った。このときの榎本の任務は北海道鉱山検査巡回であり、ケプロンと共に黒田清隆開拓使次官の別働隊であった。翌明治六年にも鉱山の調査は続くが、同時に開拓使中判官に任命され、調査と裁判官を兼ねていた。しかし、この二年にわたる鉱山調査で、自ら対雁榎本農場の開墾を開始している。

榎本の北海道開拓の夢は開花するかに見えたが、政府は明治七年一月一四日、榎本を海軍中将に任命して駐露特命全権公使としてロシア、ペテルブルグに赴任を命じた。またもや北海道開拓の夢は途中で挫折した。ロシアにあっても北海道開拓の夢は捨てていなかったが、帰国後は政府の要人として次々に枢要な地位につき、二度と北海道開拓の職につくことはなかった。対雁の榎本農場も当初の計画どおりにいかず、小作制度に移行した。

榎本武揚は北海道開拓吏出仕を命ぜられたとき、一度は五稜郭で死んだ自分であり、ともに北海道で戦い、戦死した同士と共に一生北海道開拓に命をかける覚悟であったことは、想像に難くない。それがままならなくなったが、榎本の頭には開拓の夢が常に消えなかった。育英黌に農業科を創ったのも、その現れである。育英黌分黌農業科が東京農学校となり、その第二回卒業式で、榎本武揚は祝辞を述べている。その中で榎本は「……又、況や我が北海道の如きは……莫大なる膏盲《こうもう》の地、天然の儘にて未だ手を下す者なきに於ておや……、国家富強の基を開かれんこと拙者が切に諸子に望むところなり」と開拓の夢の実現を生徒に託している。榎本武揚六〇歳のときである。

(二) 北海道網走市に東京農業大学生物産業学部誕生

東京農業大学は平成元年(一九八九年)四月北海道網走市に、文部省の認可を得て生物産業学部を開設した。学科は生物生産学科、食品科学科、産業経営学科の三学科から構成されている。学士の称号は前二学科が農学士、後者の産業経営学科は経営学士である。当初、少子化の見通しの中で、文部省は新設学部の入学定員は総計二〇〇名を最高限度として制限していたので、前二学科は各五〇名、後者の一学科が一〇〇名でスタートした。しかし、それでは経営が苦しいので、幸い文部省が第二次ベビーブームで一八歳年齢人口が急増する一時期に対して、臨時定員増枠を設けたので、早速、生物生産学科及び食品科学科の入学定員五〇名を各八〇名ずつに、産業経営学科一〇〇名を一五〇名に増加申請を行ない、平成四年四月から入学定員総数三一〇名、収容定員一、四〇〇名を確保した。この臨時枠は平成一一年度(一九九九年)で終了し、増員枠は文部省に返却することになっていたが、幸い、生物産業学部の臨定枠は恒常的定員枠になって今日に至っている。

平成五年三月に一期生が卒業するので、それに合わせて、大学院修士課程を文部省に申請して認可を得た。この大学院生物産業学研究科は三学科合併の研究科である。入学定員は一五名である。修士の称号は修士（生物産業学）である。次いで、修士の修了後さらに博士課程進学希望者に対し、修士修了年に博士課程（博士後期課程）の申請を行ない、平成七年（一九九五年）四月に認可、開校となった（この申請で従来の修士課程は博士前期課程と改称）。博士後期課程の入学定員は八名である。なお、平成一四年四月から修士、博士の称号は（生物産業学または経営学）に改められる。

大学院の後期課程を設置することにより、東京農業大学生物産業学部は、道東、道北における農学系最高の学府に成長した。

生物産業学部の「生物生産学科」はバイオテクノロジーをキーワードに、作物、家畜、水産の生物生産を対象にした教育研究を行なう。「食品科学科」は地域の生物生産物を対象にそれらの加工に関する学術の教育研究を行なう。「産業経営学科」は地域の農商工業経営の経営者と地域研究を通して地域のリーダー養成を目的にしている。なお、付置機関として網走寒冷地農場（四〇ヘクタール）、生物資源開発研究所、食品加工場（略農品加工機一式、ビール製造機一式、その他）がある。

学部の敷地は三三ヘクタールである。

応募者は全国から集まり、これまで、二、〇〇〇名を下ったことはない。大学ではこの北海道生物産業学部をオホーツクキャンパスと呼んでいる。

当初、学部名は「生物生産学部」にほぼ固まっていたが、松田藤四郎農学部長（新学部設置検討委員会委員長）が、初代学長横井時敬が、何故大学名を東京農科大学とせず東京農業大学にしたか。それは横井先生が農学は農業の発展のため、農民の福利増進にある。農学は実学であるとの信念から名付けられたものであるから、産業に密着した「生物産業学部」にしようと提案し、確定したものである。

生物産業学部は東京農業大学一〇〇周年記念事業として位置付けられている。実際は網走市との公私協力方式による設置であるが、紆余曲折はあったにしろ、最終的には大学全体の合意形成によって設立された。榎本武揚の北海道開拓の夢、東京農学校の夢が、ここオホーツクキャンパスに開花したのである。

『東京農業大学生物産業学部十周年史』で、理事長、学長である松田藤四郎は挨拶の中で、次のように述べている。「本学部設置のなによりの理由は、東京農業大学の理念をこの網走市を拠点に実現しようとする確固たる大学の意志があってのことである。本学の建学の理念は「人物を畑に還す」ことであり、その教育研究の理念は「実学主義」である。創立者榎本武揚は都府県農業の発展のみならず北海道開拓や海外農業開発まで視野に入れていた。育ての親横井時敬は榎本の建学の理念を受け継ぎ、徹底した実学主義を教育研究に貫き、農業、農村の担い手養成に邁進した。本

東京農業大学生物産業学部（オホーツクキャンパス）

学部はこの百年にわたる建学の理念を今日的意味で受け継ぎ、地域に役立つ人材の育成、〝地域の農業をはじめとする諸産業の発展と地域社会に役立つ研究〟ができる条件を具えた地域としてこの網走市に設置したのである」と。

オホーツクキャンパスの卒業生は北海道に定着するものが多く、開設前の卒業生数を凌駕し、榎本武揚が夢みた北海道の発展に着実に貢献している。

参考文献
『日露国境交渉史』　木村汎　中央新書
平成五年
『榎本武揚』　旺文社編　昭和五八年
『時代を疾走した国際人榎本武揚』　山本厚

子　信山社　平成九年

『異説幕末伝』　柴田練三郎　講談社文庫　平成一〇年

『乱』　綱淵謙錠　上、下、中央文庫　平成一二年

『榎本武揚』　加茂儀一　昭和四四年

『対雁村史』　非売品　昭和三年

『榎本武揚と対雁』　榎本公国期成会　昭和四五年

『対雁百年史』　江別市対雁自治会　非売品　昭和四六年

『江別市史』　昭和四五年

『東京農業大学生物産業学部十年史』　平成十年

メキシコ榎本殖民移住の思想
東京農業大学国際農業開発学科に継承

一　榎本武揚の殖民移住思想

榎本武揚が北海道農業開拓（内国移住）に大きな期待をかけ、その実現に努力を惜しまなかったことは、既に述べたとおりである。榎本武揚は北の大地北海道の開拓が軌道に乗り出す頃、兼ねてからあたためていた海外の殖民移住に本格的に乗り出す。実際に具体化するのは榎本武揚が第一次松方正義内閣の外務大臣に就任（明治二四年五月二九日、榎本五六歳）し、外務省官房にはじめて「移住課」を作り、各国の情報、調査を開始してからである。

しかし、榎本武揚の海外殖民の夢は、もっと以前にさかのぼる。一般には榎本武揚が駐露特命全権公使時代にその構想が既にあったとされている。その証拠として榎本の友人山内提雲（箱館戦争をともに戦い、後に北海道炭鉱開発鉄道の事務担当、逓信大臣書記官、鹿児島県知事、官営八幡製鉄所所長を歴任）宛のロシアからの次の書翰が

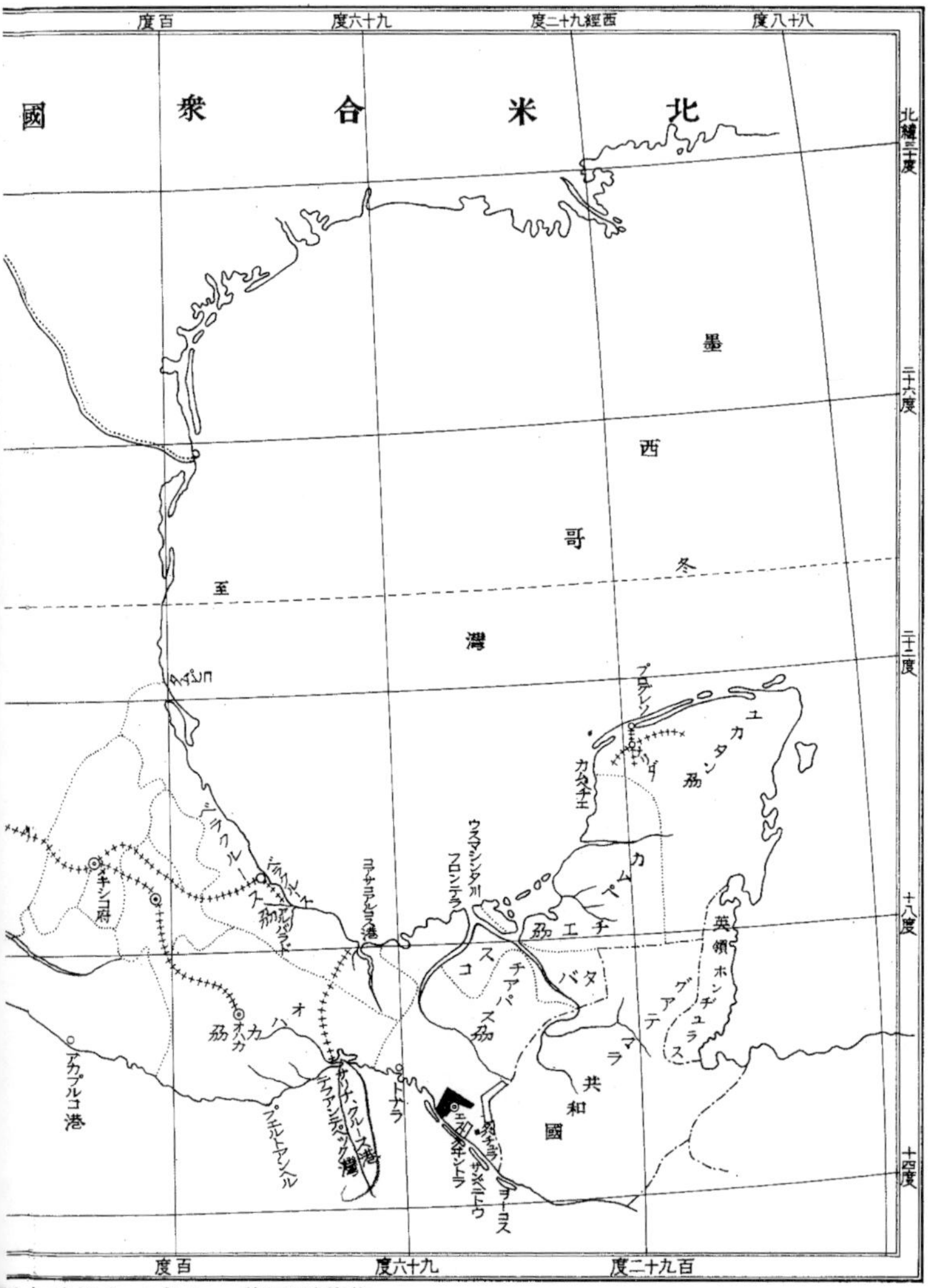

百度
九十六度
西經九十二度
八十八度
北米合衆國
北緯三十度
二十六度
二十二度
十八度
十四度
墨西哥灣
冬
至
ユカタン州
カムペチエ州
英領ホンヂュラス
グアテマラ共和國
チアパス州
タバスコ
オハカ州
メキシコ府
アカプルコ港

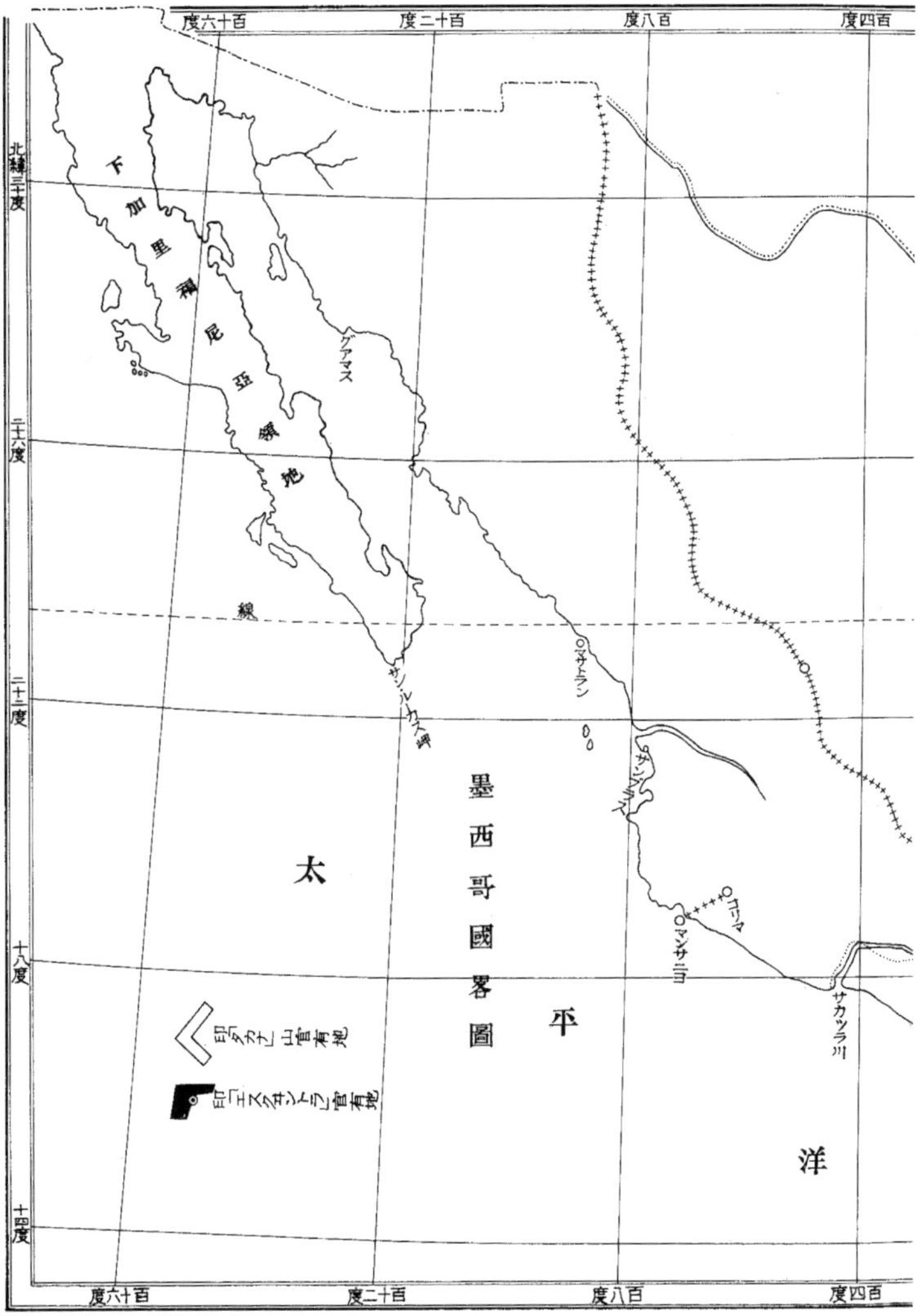

墨西哥國畧圖
下加里福尼亞領地
太平洋
グアマス
サンルカス岬
マサトラン
サンブラス
マンサニヨ
コリマ
サカツラ川
印「タカナ」山官有地
印「エスクヰントラ」官有地
百十六度
百十二度
百八度
百四度
北緯三十度
二十六度
二十二度
十八度
十四度

残っている。要約すると、①小笠原諸島への定住、②スペイン領「ラドローン」群島と「ペリュー」群島を買入れ、「グァム」島の「サン・イクシオ、アガンナ」府を以て伊豆七島よりの一局とする。③ゆくゆくは「パプア」大島（ニューギニア）の一部と蘇禄賦等を我有として南洋の諸島をかき集めて我領地を広める、などの内容になっている。

いまだと帝国主義的考え方であるが、背景には人口政策や日本資本主義の矛盾に対する解決策として構想された。南洋諸島をかき集めて領土拡大するといっているが、一方でスペイン領を買入れて移住するという榎本の「殖民移住」思想が既に表れている。

榎本武揚の海外「移民移住」思想はロシア時代ではなく、私はもっと早くから芽生えていたと考えている。それはやはり榎本武揚のオランダ留学に起因していると思うからである。

榎本ら幕府オランダ留学生は文久二年（一八六二年）九月一一日長崎を出航し、喜望峰を経てオランダに翌年の四月一六日に到着（品川出航から実に三二四日目）する。そして帰りは慶応二年（一八六六年）一〇月二五日開陽丸と共にオランダを出航し、途中大西洋をわたりブラジルのリオデジャネイロに寄航し、再びインド洋に入り、一路北上して慶応三年三月二六日横浜港に到着(オランダ、フレッシング港出航より一五一日目)している。

このオランダ留学の往復航路の中で、榎本は列強の植民地支配の実態に触れている。一つは往路で長崎をオランダ商船カリブス号に乗船して南下するが、一〇月六日ジャワ島の北東の海上で台風に襲われ船は難破してしまう。そのときオランダの船員達は榎本ら留学生を置き去りにしてボートで逃げてしまう。ようやく現地人に救われ、英国船でバタビアに連れて行ってもらう。この間一二日間、そして、バタビアで二週間の船待ちの間に、植民地の支配、被支配者の構造を知る。もう一つの植民地支配の実態は復路に寄航したブラジルのリオデジャネイロである。水、食料、燃料等の補給のための寄港であった。榎本武揚(当時釜次郎)は一八六六年一二月一六日から一二月二七日までの一一日間リオデジャネイロに滞在し、黒人労働者等を雇用してのポルトガル人のプランテーションを見て、やはり列強の植民地支配を観察している。

この二つの経験から、国力のない日本が海外に進出するのは「植民」ではなく「殖民」でなければならないと感じたのである。植民は武力によって植民地を獲得し、支配者が現地民を労働者に雇って事業を展開するシステムだが、榎本武揚の「殖民移住」は他国の未開発土地を平和裡に買い求め、そこに日本人を送り、それを開拓して、経済的に独立させ、その国の農業の発展にも寄与し、しいては本国との貿易を行なおうとするもので、その土地に骨を埋め定住を原則とする移民思想である。明治元年以来日本人の移民はこのような定住移民ではなく、一時的な出稼ぎ移民であった。

榎本武揚は、このような出稼ぎ移民ではなく、殖民移住の思想をもって日本人の海外移住の夢を抱いたのである。「殖民」「殖民移住」なる用語は明治二〇年代に榎本武揚が使い始め、板垣退助なども使用し一般化するようになった。

二　メキシコ殖民移住計画

榎本武揚は外務大臣になると外務省に「移住課」を設置し、直接担当者として安藤太郎を配し、移民の調査、殖民移住の可能性等の調査を命じた。安藤太郎は各国の駐在公使等から情報を収集した。それらはフィリピン島、ニュー・カレドニア、ニュー・ヘブライズ群島、フィージー島、豪州クィーンズランド、マライ半島南部西海岸諸国、シャム、メキシコなどである。このうち榎本が外務大臣中に実現したものに、ニュー・カレドニア島のニッケル鉱石採集の契約移民がある。ニッケル鉱山会社ル・ニッケルが日本人の契約移民を受け入れてもよいとの情報に接し、榎本武揚は吉佐移民合名会社(日本郵船の子会社)を設立させ、ル・ニッケル社と移民契約を締結させ、明治二五年一月六日に六〇〇名の移民が日本郵船会社の広島丸で出発している。

殖民移住の可能性はニュー・ヘブライズ島にあったが、榎本武揚が明治二五年八月八日に松方内閣の総辞職と共に外務大臣を辞したので、この事業は中止となった。榎本武揚が外務大臣中に調査し、外務大臣を辞した後に実現したものに、豪州クィーンズランドの甘蔗耕地契約移民がある。これはウード・ブラザース会社と吉佐移民合名会社との契約で、明治二五年(一八九二年)一一月に五〇人、そして明治三〇年(一八九七年)までの六年間に約一、〇〇〇人が送り出されている。また、フィジー諸島(英領)にバーンズ・フィリップ社と吉佐移民合名会社との間で契約移民の契約が成立し、明治二七年(一八九四年)四月に三〇五人が出発している。しかし、これは現地の気候条件が悪く、病人、死者が続出し、翌年全員が帰国している。

以上はいずれも期間を限定しての契約移民(出稼ぎ移民)であり、榎本武揚が構想した殖民移住ではなかった。殖民移住の条件を満たしていたのがメキシコである。

メキシコは明治一六年（一八八三年）一二月一五日に「墨西哥移住民条例」を大統領ポリフリオ・ディアスによって公布していた。この条例は従来の各地に向けて実施されてきた契約移民でなく、永住移民であることが、移民条件として優れていた。このメキシコを殖民地として注目していたのは榎本武揚だけではなかった。若山儀一も明治二二年二月七日付で、大隈重信外務大臣宛に南米拓殖を論ずるの書を送り、この度メキシコとの通商条約締結の運びとなったが、メキシコとの貿易を開くことより、メキシコ政府と確約して「殖民」することが得策であると述べている。当時、メキシコへの定住移民は、一般にかなり理解されるようになっていた。

榎本武揚は外務大臣を辞した後、明治二六年（一八九三年）二月一一日、議定官に就任していたが、メキシコ移住計画を本格的に推進することにした。榎本がその第一歩として発足させたのが、「明治二六年三月に設立した「殖民協会」である。この殖民協会を設立するに先立ち、まず発起人を組織し、主意書、規則書の作成原案を栗原亮一、柴四郎の委員にあたらせ、その草案を二月五日に検討、仮規則として制定した。次いで二月一五日に成立委員会を開き、会員の募集などの運動方法を審議し、さらに数回の会合を重ねた後、三月一一日に芝紅葉館に於て発会式を行なった。

当日の出席者は政界、官界、財界など二〇〇余名にのぼり盛会であった。「殖民協会」の役員構成は会長榎本武揚、副会長前田正名(農商務省次官)、幹事加藤平太郎、幹事安藤太郎、この他に会計監督二名、評議員三三名である。なお、当時の会員数は四一九名である。

殖民協会は殖民移住の実行部隊ではなく、殖民協会規則第三条にあるように「本会は海外探索の実況を報告し、及び殖民事業の実際を研究せんがために、報告書を発行して会員に頒ち、且つ移住者の為め便利を与え、又は演説講談に由て此事業に関する知識を伝藩することを勉むへし」とあって、殖民に対する奨励、啓蒙運動が主体の組織である。しかし、榎本武揚はそのとき既に殖民地をメキシコに決めていた。殖民協会創立演説の中で、榎本武揚は「先ず我が東隣なる墨西哥国太平洋沿岸の地に向って所謂定住移民を企つる見込なり」と述べて、その理由として①政治が他のラテン・アメリカ諸国よりも安定しており、(大統領ポリフリオ・ディアス将軍は三回も大統領の椅子にあり国民に信を得ている)欧米各国の資本家が巨額の資本を卸し、なお増加していること。②鉱山、農業に於ては無量の資源を有すること。③水産資源が豊富なこと。④官民共に日本人の移住を渇望していること。⑤太平洋岸土地肥沃、気候は北部でも九州より暖かく、僅かに南下すれば熱帯地方であること、日本より直航の便があること。⑥欧米各国の移住民の甚だ少なきこと、近い将来首都メキシコに三個の鉄道が達すること。などをあげている。

榎本武揚は、この殖民を「模範殖民」として、政府の模範的事業になることを計画しており、「墨国ニ於ケル官有地ヲ買イ得テ之ニ珈琲ヲ栽培シ、以テ我殖民ノ模範ニ供セントノ意見」をもっていた。榎本武揚が外務大臣中に駐日メキシコ領事ノ周旋を依頼し、また在メキシコ領事藤田敏郎をとおし、メキシコ農商工務殖民大臣レアル氏に殖民適地の選択を依頼していた。そして、その調査のために森尾茂助、恒屋盛服、榎本龍吉（武揚の甥）、高野周省を派遣している。彼等は調査を終え明治二五年一一月二三日には帰国している（榎本武揚外務大臣就任後、殖民協会設立以前）。

在メキシコ領事藤田敏郎から正式に明治二六年八月一四日「藤田領事書信」が榎本のところに届いた。そこにあげられた「官有地取調書」により、

　　チャパス州ニ於ケル墨政府官有地調査　八箇所
　　グェレロ州ニ於ケル官有地調査　二箇所

で墨国政府において外国移民に払い下げるべき土地は一〇〇万町歩（約一〇〇万ヘクタール）である。そして我模範殖民地ニ適当ト認メラレタル地」は「チャパスChiapas州ソコヌスコSoconusco郡を推薦している。報告ではソコヌス郡には土地一七、五〇

〇町歩、地内山多し、川はMazapa及びHuehuetanと外に数渓流あり、道路はHuehuetanよりCompitan市に通ずるものあり、この地テウアンテペック湾（即太平洋）を距る四五キロメートル、グァテマラ国境に接する所にありとある。またこの開拓において「模範殖民地ハ当分小部分ヲ伐木開拓シ、珈琲樹ヲ植付ケ傍ラ甘蔗、煙草、玉蜀黍等短期農産物ヲ耕作スル見積ナリ」としている。

榎本武揚は藤田領事のこの報告とさらに探検家、農学士橋口文藏氏の明治二七年（一八九四年）の視察結果の報告を受け、同じチャパス州エスクィントラの官有地払い下げに踏み切る。エスクィントラ官有地払い下げの内容は①総面積一一六、〇〇〇余町歩（二〇〇、〇〇〇エーカーに相当、珈琲栽培地として適当）、②官有地価格は一町歩当たり平均一円五〇銭（一エーカー一ドルに相当、同所私有地の半額以下）、③政府払い下げは、公債証書をもって一〇カ年賦とする。

榎本武揚は明治二八年（一八九五年）六月一七日に（殖民協会評議員会）を開催し、「移住組合」を設ける他五件が決定した。

三　移住組合の殖民計画

殖民協会評議員会（明治二八年六月一七日）の決定事項は、

（1）移住組合を設け、千円以上出資する有志者を以て直に該官有地一一万六千町歩を購入すること

（2）耕地設計は当分模範即ち試験的に二三百町歩を伐木開拓し珈琲樹を植付け傍ら甘蔗、煙草、玉蜀黍等短期農作物を栽培する事

（3）購入諸種の手続きは墨国に代人を派遣し同国政府と誓約を取り結ぶ事

（4）右の件について榎本会長より近日日本駐在墨国代理公使ウォルハイム氏を経て同国へ通知する事

（5）組合の名称は墨国移住組合と称し、事務所を別に設置するまで当分殖民協会にて事務を取扱う事

（6）同事業は自由に其規模を増大にするを得べきを以て利益事業たるを信じて右金額出金を出し組合に加入を申込む者は之を許す事

この席上で「墨国移民組合創設意見書」なるものが作成され、「墨国移住組合設計書」（1）墨国移住組合創立趣旨、墨国移住計画予算書（甲）墨国チャパス州エス

エスクィントラ村

クィントラ移住収支予算書、(乙)エスクィントラ小耕区独立殖民収支予算、墨国移住組合規約が提出された。甲については根本正氏が立案したものである。予算計画の主要項目は、①土地購入一一万六千町歩、②移住者一〇名、③移民監督者一名、④主なる栽培植物珈琲八万本というもので、利益は五年目で八、八二〇円になるというずさんなものであった(例えば、一〇名で一〇〇町歩を開墾するとか、二年目から珈琲の収入があるなど)。また、乙については藤田敏郎が作成担当したもので、五ヵ年の損益対照表を個人ベースの損益で示し他日独立殖民家の便に供する資料である。

甲の予算書が机上の空論になり、現実には資金不足となって、メキシコ榎本殖民地は崩壊することになる。

それはさておき、「墨国移住組合規約」によると、最初の資本金総額は五万円と定め、組合の加入には、一名につき一株、一千円以上とし、払込期限を四年とした。また、一千円を四〇〇円、三〇〇円、二〇〇円、一〇〇円、四年分割払いも可とした。榎本武揚は一〇株一万円を引き受け、初年度に七ロ七千円を払い込んだ。他の出資者は一ロづつで計二二名である。初年度の払込済金額は総額で一七、八〇〇〇円でしかなかった。株主に応じた総額は三三、〇〇〇円で当初の五〇、〇〇〇円には届かなかった。先の甲のずさんな見積りでも、四年間はマイナスで、その総額は八四、三六〇〇円になる。

ところで、明治二八年(一八九五年)八月一三日、殖民協会において墨国移住組合調査委員会が開かれ、①墨国官有地を榎本武揚の名義で買入れること、②墨国移住組合は解散し、新しい殖民会社を設立し、組合の財産をその殖民会社に引き継ぐこと、③速やかに委員を派遣してこれらの準備をなすこと、派遣員は農学士中より選定することなどが決議された。

墨国移住組合は明治二八年一二月二三日に組合株主総会を開き、次の決定を行なった。①土地購入委員として草鹿砥寅二（駒場農学校出身）を派遣すること、②派遣員出発の時期は、購入に関する条件に対しレアル氏（墨国農商工務植民大臣）より今度更に来るべき回報着次第出発せしむること、③派遣費を支給すること、④派遣費は土地購入に関することを処弁すること、この他に土地購入が終わったら組合の組織を改め「墨国移民会社」にすることに決した。

ここで、再び根本正（農商務省官吏）と草鹿砥寅二が派遣され、メキシコ駐在室田義文総領事に依頼して、榎本武揚の個人的代理人として農商務植民大臣マニエル・フェルナンドとの間に「榎本殖民地（購入）契約」がなされた。その内容は、①一ヘクタール当たり、メキシコドルで一ドル五〇セントとし、一五カ年賦払いとすること、②家族を伴った永久移住であり、一家族について五ヘクタールの土地が無償で提供を受けることができる。③二、〇〇〇ヘクタール当たり、一家族を移住させることが義務づけられ、三年以内に一五家族、八年間に移住を完了すること、これらが契約の内容であった。契約当事者であった草鹿砥寅二がこの内容をどこまで理解していたのか、後になって退去者を出したり途中で放棄する者などが出たのは、榎本の責任というより当事者の能力に問題があったのであろう。草鹿砥寅二は駒場農学校出身であるが当時三〇歳たらずの青年であった。また彼は東京農業大学の前身東京農学校の初期の講師であり、教務主任であった。

ともかく、この契約が締結されると墨国移住組合は組織を改めて移民会社設立をはかるため明治三〇年（一八九七年）一月一七日に墨国移住組合員会を開き、会社組織資本金二〇万円とし、「日墨開拓株式会社」を設立することが決まった。会社設立時の株式は一株五〇円で総株数四、〇〇〇株、そのうち榎本武揚が一、〇〇〇株、他の日墨移住組合員二二名が合計六四八株、残り二、三五二株を一般公募することにしたが、新たに株主を引き受けた者は一六名に過ぎず、その株金総額は一三、五五〇円、当初の一般払込額は三、〇七四円三五銭、保証金及び期日前払込金三一三円一五銭であった。これに移住組合員引受高（残金）六、八〇〇円を加えても総額一〇、一八七円五〇銭しかない。この金額で壮大な殖民地開発をしようというのだから最初から資金的に無理があったといえよう。金は後から実行が先ということであった。これはぐずぐずしていると英国測量会社に土地を買われてしまうのではとの危機感があったからだといわれている。

四　榎本殖民の出発から崩壊まで

日墨拓殖株式会社は、これまで契約手続きに従事してきた草鹿砥寅二を移民監督として派遣することにした。この墨国事業の命令を草鹿砥寅二が受け取ったのは明治三〇年二月二三日であり、移民を乗せて出航する便船の出発は三月二四日と決まっていた。移民を募集する期間は僅か一カ月の余裕しかなかった。募集人員は三〇名である。草鹿砥寅二（愛知県宝飯郡桑富村大字一ノ宮五八番戸）は手っ取り早いのは故郷からと直ちに故郷に帰り殖民移住の希望募集に取りかかった。応募者は二二名だったので、友人河瀬勇次郎（兵庫県）に依頼して、その近隣の農民六名の労働者を得ることができ、ようやく二八名に達することができた。榎本武揚が意図した殖民移住でなく、出稼ぎ移民の感覚の持ち主が多かったことが、後のトラブルの一因になった。この他に自由渡航者六名が加わった。自由渡航者とは自ら進んで渡航に参加するもので、現地において土地を購入し殖民事業をするものであった。自由渡航者の一人照井亮次郎は宮城県農学校を卒業した後、同窓の高橋熊太郎、太田連二と

入殖者の収穫（1900年頃）右端：照井亮次郎

海外雄飛に大きな夢を抱いていたが、榎本武揚のこの度のメキシコ殖民移住に賛同して、同行の申し入れをするが、榎本は学生は弁舌は達者でも労働力がこれに伴わぬといって渡航を拒否した組である。それなら自分は己の力で運命を切り開くとの覚悟で、資金援助を受けて、移民監督草鹿砥寅二に個人的に頼んで乗船したのであった。これら宮城農学校出の他に菅原幸穏（岩手）、清野三郎（宮城）、白井要作（愛知）の自由渡航者がいる。菅原幸穏は東京農業大学の前身東京農学校の学生であった。

この榎本殖民には東京農大（当時東京農学校）から監督の草鹿砥寅二と学生菅原幸穏の二人が参加しているのである。

自由渡航者を除く渡航者の年令は、一六～二〇歳四人、二一～二五歳一七人、二六～三〇歳二八人、三一～三五歳三人、四六～五〇歳二人となっている。日墨拓殖株式会社と渡航者との間には契約者を取り交わし、保証人をつけることの案があったが、日本人同志の信頼関係ということでうやむやになり、草鹿砥寅二氏との個人契約になってしまった。草鹿砥寅二氏のもとに一部の者から出発前に契約書が提出されている。その内容を要約すると、①雇用期間は五カ年とする。②俸給一カ月一二円（労働日数は一カ月二五日を下らないものとする）。③医師は置くが、医薬料は自己負担とする。④住居家屋、農具は貸与される。⑤飲食、衣服は自己負担（現地の改正によって、到着の日から六カ月間は会社側から食事を支給され、俸給より五円を差し引かれることになる）、⑥渡航費用（実際の渡航費用一二二円を超えない金額）を支給する。⑦休日は、大祭日、日曜日（現地での改正により、四方拝、紀元節、天長節、墨国独立記念祭、殖民地創始記念日、日曜となる）、⑧自己理由により帰国の際は、渡航費用より勤務月数を控除して、保証人より弁済させる。契約期間満期の後、帰国するときは、旅費は自弁とする。⑨五カ年間勤務継続後は、未開墾地五町歩を賞与する（現地の改正により、平均一カ年勤務日数二〇〇日以上とする）なっている。

これをみると、五ヵ年間は給料を貰って会社（土地所有者は榎本）の土地を開墾し、農業に従事する。その後個別に土地を無償でもらい定住移民となる。問題点は、北海道の榎本農場の二の舞を踏んでいる。未開地を給料を支払って開墾し、農業などやろうと思っても、給料をもって成果は上がらないのが普通である。農場経営のいろはが解っていない。株主に利益配当をしなければならないという考えから会社直営方式にしたのであろうが、土台無理な話しではある。渡航者に契約移民(出稼ぎ移民)の考えがあれば、五年経つと帰国してしまう恐れが初めから十分にあった。

ところで、榎本殖民団は明治三〇年三月二四日午後五時、横浜出航の太平洋汽船会社便船ゲーリック号にて草鹿砥寅二をはじめとして、三四名が出帆した。一行は四月一五日にサンフランシスコ港に到着、そのうち山田耕太郎(愛知)はサンフランシスコ滞在中に病気になるが、そのまま四月一九日に太平洋汽船会社の汽船シティ・オブ・ブラー号に乗船し、出帆した。同月二六日にアカプルコ港に到着、ただちに汽船バラクタ号に乗り換え、五月二日午後一〇時に抜錨するときに山田新太郎は病没した。残りの者は皆元気で、五月一〇日午前一一時にサン・ベニト(San Benito)港に到着した。横浜を出帆してから四八日間の長い船旅であった。

サン・ベニト港から五月一一日にタパチュラ(Tapachula)市に達し、それから徒歩でようやく五月一九日に目的地の榎本殖民地エスキントラ(Escuintla)に到着した。

殖民団が上陸したサン・ベニトの海岸（現プエルト・マデロ）

ここまではまずは順調に進んだ。

いざ開墾ということになったが、ちょうど雨期に入っており、その年のコーヒー種子の植付け時期（四月）は過ぎていて、種子は売り尽くされて手に入れることはできなかった。そこでタパチュラ市のハリソン氏からグァテマラ国から取り寄せてもらったが、この種子はこの地に適する「ブルボン」種ではなく、高地に適するアラビア種であった。そこで、榎本龍吉と東野倉治が改めてグァテマラ国サンフランシスコ・ミラユールに購入に出かけたが、日本人、支那人は法律で国内立入禁止になっていて、目的を達することができなかった。

食料を確保するために播種時期は過ぎていたが、陸稲、玉蜀黍、蕎麦の三種の穀物と野菜を植え付けた。ところが発芽してしばらくすると牛豚の群れがきて、ことごとく食い荒されてしまった。囲いをしたが三回の播種とも防ぎようがなかった。最初の開墾地がコーヒーの適地でなかったので四回にわたり適地調査をしたが、十分な適地を見つけることができなかった。

そのうちに移住者との間にトラブルが発生した。契約は会社とではなく監督草鹿砥寅二との間で行なわれていたので、現地交渉が何度ももたれた。労働条件、賃金、食費などであった。とにかく渡航に間に合わせて集めた移住者達で、彼等は出稼ぎ移民の意識を持つ者が多かった。

草鹿砥寅二の復命書によると移住者の不満は、①物価が高いのにもかかわらず、俸給が安く、五年勤務しても予定する金額を貯金することができないこと、②事業の困難なることに失望したこと、③各地における賃金状況を探地し、その地にいたって高給を得ようと欲したこと、④契約に不同意を唱えたこと、などが上げられている。

そして、監督に対する不信感から七月には一〇名の解雇者が出てしまった。兵庫からの移住者が中心である。彼等はメキシコ市の在メキシコ領事館に辿り着くが、榎本武揚と在墨国弁理公使室田義文氏と処理のやり取りの結果、一部は殖民地に帰ることになり、一〇月二六日にエスクィントラ殖民地に到着したが、そのときは既に監督の草鹿砥寅二は監督業務を放棄して帰国してしまっていた。殖民地の状況は乱雑を極め、給料も出ないので、事業は中止し、一同手をこまねいて座食している状況であった。この混乱はしばらく続くが、在メキシコ弁理公使室田義文と山口書記が西外務大臣の命を受け、明治三一年一月現地視察することになった。その報告は「チャパス州ソコヌコ郡榎本子爵払下地巡回報告」にまとめられているが、それによると昨年一〇月以来開墾事業は放棄していたが、その後事業は継続していること、土地は殖民に適していること、監督の賃金問題の不適切な処理が問題であったこと、適任者の監督を至急送る必要がある。

ともかく、榎本武揚は室田の報告を受け、川村久直（殖民協会会計監督）と小林直太郎の両名を派遣することにした。両名は明治三一年一月二七日ゲーリック号にて横浜を出航した。小林直太郎（東京商業学校卒）は東京移民会社の移民監督者で、オーストラリアの移民監督者の経験をもっている。結局、小林直太郎は帰国してしまった草鹿砥寅二監督に代わって、榎本殖民地の監督の任にあたることになる。小林直太郎は一一カ月現地に留まり指揮にあたった。その結果、明治三二年には開墾地五〇町歩に達し、そこにサトウキビ三町歩の他、陸稲、玉蜀黍麻、ココア、ゴム樹、野菜を植え付けている。家畜は鶏、豚などの他に、牝牛七頭、子牛七頭、牡牛一頭の合計一五頭がいる。これに従事する日本人は五人。他は日雇い現地民である。生活物資の栽培以外は、サトウキビとゴム樹をもって殖民地経営の基本とすると、小林直太郎は報告している。

なお、渡航者三〇余人の現況は、多くは外国人に雇われ口を糊し、三人は殖民地に留まり、ある者は殖民地内外に開かれた独立殖民地で生活をしているとのことであった。小林直太郎はその後も現地に留まり、後に小林殖民地を経営することとなる。

榎本武揚は将来の殖民地経営の計画について、明治三二年に派遣した大関貞二郎(在日メキシコ公使館勤務)の復命を受けた。それによると、この殖民地は将来性はあるが、なお、三万円の資金が必要であると。資金さえ投ずれば五万町歩の開墾が可能としている。しかし、榎本武揚及び日墨拓殖会社の手には、このような莫大な殖民資金を調達できる情勢にはなかった。それに年賦払いの土地購入資金にまで事欠く始末であった。ついに、榎本武揚はメキシコ榎本殖民地を滋賀県の代議士藤野房次郎に無償で譲渡することにした。ここにメキシコ榎本殖民地は崩壊した。

榎本殖民地は消滅したが、その後は、藤野牧場（藤野房次郎は敷地内の土地一万二千町歩を手に入れ、明治四三年頃にはゴム園一〇〇町歩、牛三、四〇〇頭を飼育するまでになっていた）、田辺牧場、小林農場などの他に独立農家などが元気に開拓に努力した。

明治四一年（一九〇七年）の駐メキシコ領事の報告書によれば、旧榎本殖民地を中心に約五〇人の邦人が希望に満ちた活動を続けていた。日本人に嫁したメキシコ婦人一二人、生まれた子供二一人、合計八三人の日本村が誕生していた。五〇人の日本人の内訳は、①榎本殖民団の残存者一〇名、②メキシコ国内から集まった者一九名、③明治四〇年中に渡航した者八名、④米国より来た者三名、⑤ペルーより来た者二名、⑥グァテマラから来た者一六名となっている。

榎本殖民団の中には六名の自由渡航者がいた。リーダーの照井亮次郎は五人の同志と日墨協働会社をつくり、商店部、農場部、野菜園部の三部で大成果を上げる。この会社は努力で小学校をつくり、日本から教師を呼んで教育に努めていたほどである。また、米国からきた小橋岸本合名会社はやはり商店と牧場の二部門を兼業していた。商店部はエスクィントラ村第一の繁盛を見せた。

ところで、東京農業大学（当時東京農学校）の関係者二人はその後どうなったのであろうか。一人は榎本殖民地の監督者草鹿砥寅二である。彼は駒場農学校出身で東京農学校の講師であったが、榎本が会長をする殖民協会に勤務することになった。殖民団派遣の現地監督者となるが、力不足で渡航者とトラブルを起し、半年も経過しない明治三〇年一一月一〇日に横浜に帰国している。その後再び殖民地に戻るが病死した。

もう一人の東京農学校生徒菅原幸穏は、自由渡航者であった。彼は榎本殖民地潰滅後、商売を始めた。照井と同県人（岩手）で、照井は会社設立の動機は菅原の商売からだと、次のようにいっている。

「……メキシコの内地を二年ばかり放浪しましたが、何等芳しいこともなく、やはり元のエスクィントラ付近に帰って参りました。其の時に同志の菅原（幸穏）という人が小さな商売を始めていました。小さな居酒屋のようなもの。酒の他に小間物のようなものを少し列べておりました。その店というのは、実にお話しするのも恥ずかしい程で、椰子の葉の軸木を列べて、それを売り台の代わりにしている。後の棚も椰子の木で作って、少しばかりの罐やら小間物やらを列べてある。家も椰子の葉、屋根も椰子の葉で、三畳か四畳ばかりの家であります。

商売をやっているというので行って見ると、実は驚いたのであります。家賃が一カ月五〇銭あれば生活できる。商売はみな二割の利益があるから、一日二円五〇銭

榎本殖民団の名前を刻んだ銘板

の売上げがあれば五〇銭の生活費は出る訳である。ところが、一日五円は売れる。君も一つやれというので、自分もやってみることにしました。」といっている。農大生ここにありの逞しさである。彼が照井の協働会社に加わったかは詳しくはわからない。史実では帰国したとある。

五　榎本の殖民思想　国際農業開発学科が継承

榎本武揚の海外農業拓殖の夢は、メキシコ榎本殖民地によって実現した。殖民地は資金が続かず潰滅したとはいえ、榎本の殖民思想は、メキシコの現地におい

東京農大宮古亜熱帯農場（沖縄県宮古郡城辺町）

ても、また東京農業大学においても生き続けている。榎本武揚の殖民思想は列強の植民地支配の「植民」ではない。武力を使わず、平和裡にその国の土地を買い求め、それを開拓して、その地に骨を埋める定住移住であり、農業開発をとおして、その国の農業の発展や本国との貿易に貢献する思想である。出稼ぎ移民とは全く異なる思想である。

東京農業大学専門部に農業拓殖科（後に開拓科に改称、昭和二二年三月廃止）が設立されたのは、昭和一三年（一九三八年）四月からである。満州（現中国東北部）開拓がメインであったが、樺太（サハリン）、台湾、南洋諸島も視野に入っていた。

第一次世界大戦までは列強が植民地を

武力で獲得することは善であった。第一次世界大戦後、アメリカのウイルソン大統領が他国を侵略し植民地にするのは悪であると演説してから、帝国主義は悪の思想となった。日清、日露戦争はともかく、満州事変、日中戦争は、日本帝国主義の侵略とされるようになった。従って、専門部農業拓殖科の設立は、世界史的にみれば、侵略開発の尖兵とみなされよう。いわゆる植民政策の一環として位置付けられる。

ところで、榎本武揚の殖民思想が東京農業大学に開花するのは、昭和三一年(一九五六年)からである。昭和三〇年六月東京農業大学第四代学長(理事長兼務)に千葉三郎が就任すると、彼は早速農業拓殖学科の新設を計画した。千葉三郎は千葉県の名家の出身で大正八年(二五歳)に東京帝国大学法律科を卒業。直にアメリカ・プリンスントン大学大学院に留学し経済学を専攻した。大正一一年(二八歳)に帰国してからは実業界、官界、政界で活躍し、東京農業大学学長就任時は現役の衆議院議員であった。千葉三郎は、昭和五年から六年(三六～三七歳)にかけて、外務省及び拓務省の委嘱を受け南米各国の移民拓殖の状況を視察し、見聞を拡め殖民に対する高い知識を得た。この経験が海外移住の諸団体に長く係わることとなる。特に千葉三郎はブラジル国アマゾン・トメアスの日系定住移民に尽力する。千葉三郎も榎本武揚の殖民定住思想の継承者の一人といえよう。

千葉三郎は、初代学科長になる杉野忠夫教授の助力を得て、戦後、わが国はじめての農業拓殖学科の認可を文部省から受ける。設立の趣旨は榎本武揚の殖民思想と全く同じである。戦後の農業拓殖学科の卒業生は北米、中米、南米、東南アジアへと、定住する者が多い。他大学の卒業生の定住移民が低いのに対し、東京農大生の定着率は抜群の高さである。現在、農業拓殖学科の卒業生を中心に他学科の卒業生を加えカナダ、アメリカ、メキシコ、ブラジル、パラグアイ、アルゼンチン、台湾、韓国、タイなどに校友会支部がつくられている。これからは大学院留学生、新設の生物企業情報学科の留学生が自国に帰り、卒業生の支部活動はさらに拡大することになろう。

農業拓殖学科は、平成三年（一九九一年）国際農業開発学科と名称を変更した。学部は農学部に所属していたが、平成一〇年の学部改組で国際食料情報学部に所属することになった。入学定員は開設当初一〇〇名であったが、昭和五一年に一二〇名、平成四年の臨時定員増で二〇〇名、平成一六年には一四〇名になる予定である。

時代と共に教育内容が変わり、卒業生の就職も多岐にわたってきているが、一〇〇余年前の榎本武揚の殖民思想は国際農業開発学科で開花したが、そればかりでなく、その思想は広く東京農業大学全学科にじわりと沁み込んでいるのである。

六　子爵榎本武揚顕彰碑建立

東京農業大学第四回汎アメリカ校友大会が、平成一三年（二〇〇一年）七月一四日から一八日までメキシコ市で行われた。卒業生の海外定住は明治後半から大正時代にアルゼンチン、ブラジルなどを中心にボツボツ行われていたが、本格的組織的に行われ始めたのは昭和三〇年以降で、戦後の農業拓殖学科（現国際食料情報学部国際農業開発学科）の卒業生によってである。戦後のこれら渡航組みは戦前に定住していた先輩達とそれぞれの国において、校友会の支部を結成していった。アルゼンチン、パラグァイ、ブラジル、メキシコ、アメリカ、カナダなどに昭和五〇年以降、次つぎに支部が結成された。ブラジルには昭和五五年（一九八〇年）、パラグァイには昭和六二年（一九八七年）それぞれ校友会館が設立され、子弟教育、情報交換、親睦の場として活用されている。

各国の校友会支部は、それぞれの国内で活動していたが、新設の生物企業情報学科の海外実習の受け入れ、アメリカ大陸五〇〇人余の卒業生の国境を越えた事業交流の活発化、情報交換の必要性が高まるなかで、汎アメリカ校友大会開催の気運が高まってきた。そういう情況のなかで、アルゼンチン校友会支部長三村雄爾氏の発案で第一回汎アメリカ校友大会が平成一〇年(一九九八年)ブエノスアイレスでもたれ、翌年に第二回がブラジル、平成一二年がパラグァイ(第三回)、そして平成一三年に第四回がメキシコで開催されることになった。

校友会メキシコ支部長東信行氏はパンアメリカ校友大会の事業計画の一つに、東京農業大学の創始者榎本武揚が、わが国初めての定住殖民地をメキシコにつくり、いまもって榎本殖民地といわれ、子孫が定住しているチァパスの地の訪問と、榎本殖民地跡に榎本武揚顕彰碑の建立を企画した。

東京農業大学による榎本武揚顕彰碑は、チァパス州のかつての榎本殖民地エスクイント村から分村したアカゴヤグア町の公園内に日系三世町長アルゲル ガリオ コムカイ マツイ氏のご好意で建立した。この公園内には榎本殖民一〇〇年を記念して、秋篠宮殿下による「榎本殖民記念碑」が建てられている。

平成一三年七月一七日、学校法人東京農業大学理事長松田藤四郎、東京農業大学長進士五十八、国際交流センター長藤本彰三教授、佐藤勝彦理事長室長他校友五〇名と町民多数が参加して除幕式が行われた。顕彰碑は高さ一・六米のコンクリー板に横七五、縦九〇センチメートルの銅版に碑文を日本語とスペイン語で印字し、それを埋め込んだものである。

碑文の全文は次のとおりである。碑文は松田藤四郎理事長の手による。なお、除幕式後、コムカイ町長主催による盛大な歓迎昼食会が催された。翌日、榎本殖民団が上陸したサン・ベニト港（現プエルト・マデロ）を全員で視察し、往時を偲んだ。

子爵榎本武揚顕彰碑

榎本武揚（一八三六～一九〇八年）はオランダに留学し一八九七年まで明治政府の逓信、文部、外務、農商務等の各大臣とその他の政府の要職を歴任した。その間に東京農業大学の前身育英黌農業科を設立（一八九一年）した。また彼はメキシコ政府官有地一一万六千ヘクタールを一五年償還でメキシコ政府から購入しチャパス州エスクィントラに榎本殖民地を一八九七年に開設した。しかし資金が続かず二年足らずで殖民地は壊滅したが、その後各地から日本人が集まり榎本の意志を継いで開拓に努力し町が発展した。榎本武揚の殖民思想は平和裡に各国の未開発地を購入しそこに日本人が定住しその国の農業の発展に貢献するというものでその後の日本殖民政策の基本となった。東京農業大学は榎本武揚の思想を脈々と受け継ぎ卒業生は世界で活躍している。

創立一一〇周年を記念しメキシコ市において第四回パンアメリカ校友大会が開催されるにあたり、ここに子爵榎本武揚顕彰碑を建立する。

二〇〇一年七月一七日

榎本武揚顕彰碑期成会

代表　東京農業大学校友会メキシコ支部長　東　信行

碑文　学校法人東京農業大学　理事長　松田　藤四郎

参考文献

『榎本武揚とメキシコ殖民移民』　角山幸洋　昭和六一年　同文館
『時代を疾走した国際人榎本武揚』　山本厚子　平成九年　信山社
『東京農業大学百年史』　平成五年　学校法人東京農業大学

榎本武揚とオランダ

一　榎本武揚（一八三六―一九〇八）

榎本武揚は、朝敵となり明治新政府軍と箱館（函館）五稜郭で戦い、敗れて囚われの身となったが、その才能が惜しまれ、約三年間の牢獄生活から罪を免ぜられ、放免となった。その後、明治政府に重用され、逓信大臣（初代）、文部大臣、外務大臣、農商務大臣を歴任、その他、海軍卿、北海道開拓使官吏、ロシア特命全権公使（千島・樺太交換条約調印）、駐清特命全権公使（天津条約の陰の力となる）、皇居造営事務副総裁、枢密顧問官、第四回内国勧業博覧会副総裁など政界、官界で活躍し、その功により子爵の位を授与されている。

民間にあっては、育英黌（農業科、現東京農業大学）の創設（校主）、地学協会の設立（副会長）、日本家禽協会会長、日本気象学会会頭、殖民協会の設立（会長）など教育、学会、殖民（開拓）事業等の推進に貢献した。榎本武揚は、明治新政府きって

榎本武揚揮毫「学びて後、足らざるを知る」
東京農業大学生物産業学部所蔵

の国際人、教養人、テクノクラートであった。

このような、彼の多才な経歴は、彼が優れた素質と有能な才能の持ち主であったことを物語っているが、それは強靱な肉体と自身の能力開発に対して勉強と努力を重ねたからにほかならない。

二　カッテンディーケと長崎海軍伝習所

榎本武揚の幼名は、釜次郎である。和泉守榎本武揚と名乗りはじめたのはオランダ留学から帰国し、海軍乗組頭取として開陽丸の艦長になった頃からである。

榎本武揚の多才な能力が開発されるきっかけになったのが、幕府が近代海軍の士官を養成するためにオランダから軍艦を購入し、教授を招いて開校した「長崎海軍伝習所」（一八五五～一八五九）である。勝麟太郎（海舟）は第一期生、榎本釜次郎は第二期生（一八五六入学）である。この第二期生と三期生を教える教師団の団長がオランダの海軍中佐カッテンディーケである。長崎海軍伝習所において釜次郎の能力と努力を最も高く評価したのは教師団長カッテンディーケである。勿論、他のオランダ教師や第二期生の生徒監督として残っていた勝麟太郎や同僚も等しく彼の人格と才能を認識することとなった。

三　幕府留学生第一号に選ばれる

幕末の騒然たるなか、各国から開国を迫られた幕府は洋式海軍の設立に向って、軍艦の購入をアメリカに注文するとともに士官養成のため留学生を派遣することになった。しかし、一八六二年南北戦争が勃発したため、留学先をオランダに変更し、蒸気軍艦一艘の建造もオランダに注文した。この軍艦が開陽丸であり、榎本と五稜郭まで運命を共にすることになる。

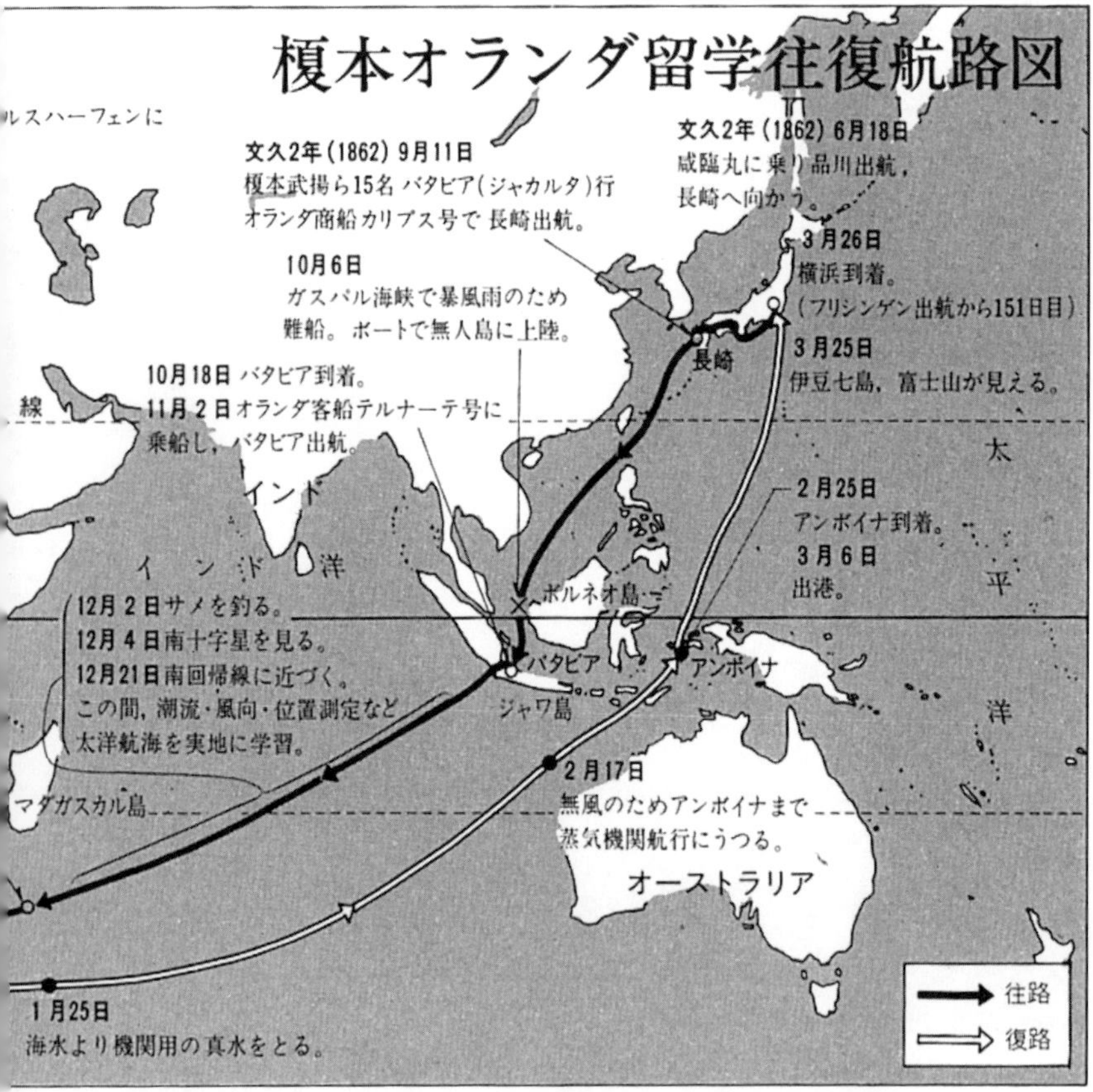

榎本オランダ留学往復航路図
(旺文社)

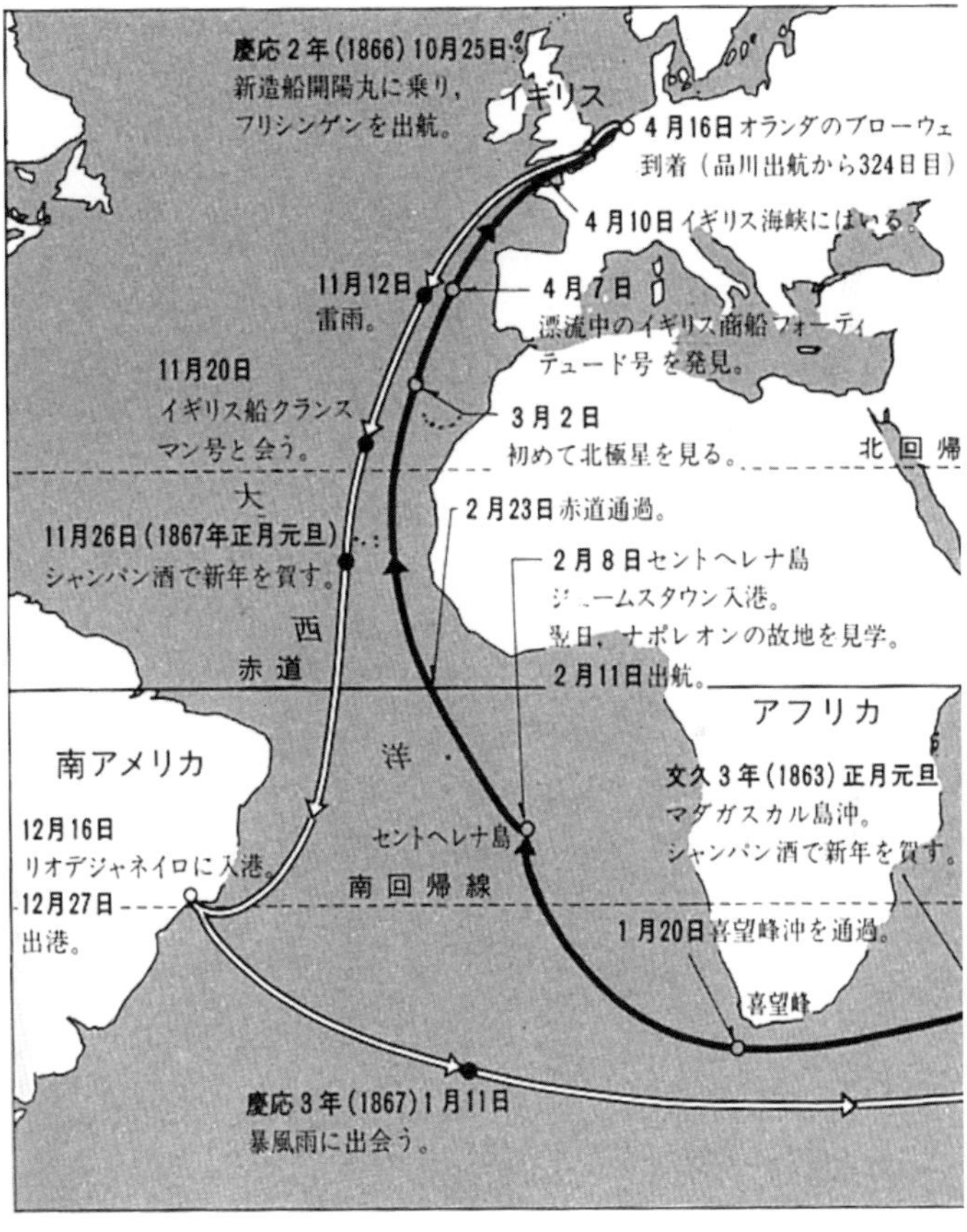
慶応2年(1866)10月25日
新造船開陽丸に乗り，
フリシンゲンを出航。
イギリス
4月16日オランダのブローウェ
到着（品川出航から324日目）
4月10日イギリス海峡にはいる。
11月12日
雷雨。
4月7日
漂流中のイギリス商船フォーティ
テュード号を発見。
11月20日
イギリス船クランス
マン号と会う。
3月2日
初めて北極星を見る。
北回帰
大
2月23日赤道通過。
11月26日(1867年正月元旦)
シャンパン酒で新年を賀す。
2月8日セントヘレナ島
ームスタウン入港。
ナポレオンの故地を見学。
西
赤道
2月11日出航。
アフリカ
南アメリカ
洋
文久3年(1863)正月元旦
マダガスカル島沖。
シャンパン酒で新年を賀す。
12月16日
リオデジャネイロに入港。
セントヘレナ島
南回帰線
12月27日
出港。
1月20日喜望峰沖を通過。
喜望峰
慶応3年(1867)1月11日
暴風雨に出会う。

それはさておき、留学生に選ばれたのは、幕臣九名、内田恒次郎（長崎海軍伝習所第三期生、帰国後軍艦頭、体質弱く維新後教育と著述に専念）、榎本釜次郎、沢太郎左衛門（長崎海軍伝習所第三期生、榎本について五稜郭で戦う）、赤松大三郎（長崎海軍伝習所第三期生、後に海軍中将、貴族院議員）、田中俊平、以上五人が海軍士官の強。万国公法、統計学を学ぶために津田真一郎（真道）と西周助（周、「哲学」の訳語者、独協大の創始者）が、医学を学ぶために林研海（妹たつが、榎本武揚夫人）と伊東玄伯、その他に民間人から水夫、鋳物師、時計師、船大工等六人を加え、総勢一五人であった。品川を出発したのは文久二年（一八六二年）六月一八日であるが、途中麻疹にかかり下田で療養し、オランダ商船で長崎を出港したのは九月一一日である。

四　榎本武揚の『渡蘭日記』

榎本釜次郎は幼少の頃、儒学を田辺石庵と友野雄介から教わり、昌平黌卒業後、中浜万次郎から英語を習い、江川太郎左衛門塾でオランダ語の素養を身につけている。長崎海軍伝習所では、専攻の蒸気機関学や操練の他にオランダ医官ポンペから舎蜜学（化学）を学んでいる。

榎本は、バタビア（現ジャカルタ）からセントヘレナ島到着まで日記を書いているが、それにはオランダ語は勿論、英語、ドイツ語が随所にみられ、漢詩六詞も載っている。その中の一句に文久三年二月八日（西暦一八六三年三月二六日）にセントヘレナ島に上陸、ナポレオンの寓居であったロングウッドを訪れ、七言絶句の漢詩を詠んだのがある。

長林《ロングウッドノ》烟雨《エンウ》鎖《コセイ》二孤栖《ヲトザス》一
末路英雄意転《ココロウタタ》迷

榎本留学記念写真

今日弔来人不レ見
覇王樹畔《ホトリ》烈王鳴

榎本は詩漢を作る教養、文化的基礎を既に身に付けていたし、後に五カ国語を自由に話したというが、当時、相当の語学力を身につけていた。

五　オランダ到着、第一夜——ホテル・デ・ゾン

日本人留学生一行がオランダのブロウルス・ハーフェン港に到着したのは一八六三年四月一六日で、品川を出てから三二四日目、長崎を出航してから二一五日目で

ホテル・デ・ゾン。留学生一行のライデンでの宿泊地。

ある。ハーフェン港から運河をさかのぼり二日後に首都ロッテルダムに到着し、イイノ・ホフマン博士の出迎えを受けた。ホフマン博士はライデン大学の教授で、独学で日本語をマスターした人である。日本語による出迎えの挨拶をし、一同を驚かせた。ホフマン博士の案内でその日うちに蒸気車に乗ってライデン市に到着し、駅より馬車に乗り約一キロメートル先のブレイストラート一五五番地のホテル・デ・ゾンに宿泊した。

長崎海軍伝習所の恩師カッテングデーケは帰国していて海軍大臣になっており、日本人留学生に最大の便宜を図ってくれた。釜次郎らの世話係は、これまた長崎海軍伝習所で化学を教えてくれた医師ポンペであった。

六　一級の海軍士官に

海軍士官留学生五人（内田、榎本、沢、赤松、田口）は一〇日後、ハーグに移り、海軍兵学校で五月一七日からそれぞれ幕府から命ぜられた教科を勉強することになった。釜次郎は船具、運用、砲術及び機関学が専攻で、海軍大尉デイノウから船具、砲術、運用の諸学科を、ホイヘンス海軍機関大監から蒸気機関を学んだ。

釜次郎は長崎海軍伝習所の最優秀者で、諸学科の基礎ができていたから海軍士官としての実力はみるみる向上した。

観戦武官として。右から二人目が榎本武揚

開陽丸に乗って帰国した（一八六七年）後、直に幕府海軍乗組頭取（艦長）に任命され、翌年（一八六八年）海軍副総裁に就任するのも、釜次郎のハーグ海軍兵学校における抜群の優秀な勉学によるものである。

釜次郎は、オランダ滞在中にデンマークとプロシア・オーストリア間に戦争が勃発すると、自らハーグ駐在のプロシア公使とデンマーク公使の双方からとブリュッセルのオーストリア公使からそれぞれ許可を取り付け、国際観戦武官として赤松大二郎を誘い、緊迫した国際関係を体験している。

七　科学者榎本釜次郎の誕生

ハーグに移って勉強したのは海軍士官五人の他に医学生の伊東玄伯と林研海である。釜次郎は海軍士官の勉強の他に林や伊東らと共にフデリスとスチュルテルハイム両教授から化学を学んだ。彼は既に化学が殖産興業における基本的学問であることを認識していた最初の日本人であった。後年、辰ノ口の牢屋で石鹼や蠟燭を作ったり、福沢諭吉に英文の化学書の差し入れを依頼し、それがあまりに初歩的な化学書なので、がっかりしたことなどのエピソードがある。化学の他に物理学、数学、鉱物学、生物学、地理学、天文学など、ドン欲に勉強した。

釜次郎のハーグの下宿先は、カッテンディーケの配慮でデンプテ、ブルフワル通り一八番地の機械商の家であった。彼は下宿先の自分の部屋に電信機を持ち込み、モールスの電信技術をマスターし、帰国の時に電信機を持ち帰っている。明治政府初代の逓信大臣に任命されたのもむべなるかなである。また、後年隕石による流星刀をつくっている。

榎本の下宿

彼の学問は単なる知識としての学問ではなく、常に実際的、実証的で実学主義、実証主義を貫いている。

八　命を救う『万国海律全書』

釜次郎は自然科学分野のみならず、西や津田がライデン大学で師事していたエス・フイッセリング博士から国際法を学んでいる。ことにフランスの国際法学者オルトラン著のオランダ語に翻訳した『万国海律全書』（海洋に関する平時、戦時の国際法規）を勉強した。彼は帰国の際、自分がテキストとして学んだこの『万国海律全書』を持ち帰っている。

後年、箱館五稜郭の戦いで敗戦が濃厚となり、新政府軍の黒田清隆が降伏をすすめたとき、彼は降伏を断るとともに、この『万

『万国海律全書』

国海律全書』は新生日本に役立つ本であるから役立てて欲しいと敵方に届けている。結局降伏して牢屋送りとなるが、彼が死罪を免れるのは彼の才能を必要としたからであるが、きっかけとなったのは、この『万国海律全書』といってもよい。

九　国際人に成長

釜次郎は、オランダ留学中に、先の観戦武官の従軍の他にフランス、イギリス、ドイツにも出かけ、近代ヨーロッパの先進文明を彼なりの視点で捉えている。科学者としての目、軍人として国際関係を見る目、国力の源泉を見る目、そして植民のあり方

ハーグの街

を見る目などが培われていく。

カッテンディーケは、日本人留学生にヨーロッパ流の社交とマナーを身につけるように配慮し、国会議員、市会議員、大学教授などに茶会、午餐会、ディナーなどに招待させている。また、語学もオランダ語、英語、ドイツ語を習得している。

このように、榎本釜次郎は、幕末の日本人としては数少ない国際感覚を身に付けた人物に成長していった。

一〇　開陽丸の進水

榎本等海軍士官留学生は、留学生としての勉強の他に、幕府がオランダに建造を注文した蒸気軍艦の建造を監督し、造船所を見学研究するという重大使命を帯びていた。

榎本は、造船技術を修業科目にしていた赤松と共に、造船所の所在地ドルトレヒト市（現在人口約一二五万人）にしばしば訪れている。軍艦はキップス・エン・ゾーネン造船所で造られた。ライン川の支流アウデマース川に面した造船所であるが、今

開陽丸

開陽丸が造られたキップスゾーネン造船所跡地

フレッシング港

は跡地のみである。

軍艦は、一八六四年一〇月に完成し、同年一〇月二〇日、軍艦の命名式が行われ、留学生参列のもと「開陽丸」と命名された。開陽丸は排水トン二、五九〇トン、長さ七二・八〇米、幅一三・〇四米、シップ型三本マスト、四〇〇馬力の補助蒸気機関一基、標準オランダ海軍砲門八門、クルップ製鋼鉄施条砲一八門、通常砲九門など総数三九門と付属砲八門が搭載された新鋭艦である。進水式は一八六五年一一月二日に行われた。三年半をかけての建造であった。ここに幕府最高の実力をもった軍艦が誕生した。

ここで、榎本のオランダ留学は終わり、開陽丸とともに慶応二年（一八六六年）一〇月二五日オランダのフレッシング港を出帆し、ブラジルのリオデジャネイロに寄港し、インド洋を経て、慶応三年（一八六七年）三月二六日、横浜に到着した。一五一日の旅であった。オランダ滞在満三年六カ月、品川を出航してから五年弱の帰国であり、釜次郎は満三一歳になっていた。幕府海軍副総裁として榎本艦隊を率いて品川沖を脱走し、五稜郭に向かうのは帰国後の翌年である。

榎本武揚年表

年号	西暦	年齢	榎本武揚年譜
天保七	一八三六	一	八月二五日、幕臣榎本円兵衛武規の次男として江戸に生まる
安政三	一八五六	二一	四月、長崎海軍伝習所に入る
五	一八五八	二三	二月、長崎海軍伝習所卒業　◇六月、江戸の築地海軍操練所教授となる
万延元	一八六〇	二五	この年、父円兵衛没
文久元	一八六一	二六	一一月、アメリカ留学決定
二	一八六二	二七	六月一八日、オランダ留学に変更して出発
三	一八六三	二八	四月、オランダ着
元治元	一八六四	二九	この年、ドイツ・デンマーク戦争に観戦武官として従軍
慶応二	一八六六	三一	七月、オランダにて開陽丸竣工　◇一〇月二五日、開陽丸で帰国の途につく
三	一八六七	三二	三月二六日、横浜着。まもなく軍艦乗組頭取（船将）を拝命　◇この年、たつと結婚
明治元	一八六八	三三	正月、開陽丸にて大阪に進み、のち将軍のあとを追って江戸に帰る。この月、海軍副総裁を拝命　◇八月一九日、艦隊を率いて品川沖より脱走し、九月、仙台湾に入る。陸路を北上した陸軍奉行大鳥、土方らと合流　◇一〇月二〇日、蝦夷地鷲の木に上陸、続いて箱館を占領し、五稜郭に拠る　◇一一

明治二	一八六九	三四	月八日、英仏艦長に会い実質的な政権として承認さる◇一二月一五日、新政権の成立を宣し、蝦夷島総裁となる 二月一九日、ガルトネルと開墾条約を結ぶ ◇五月一四日、『海律全書』を官軍の黒田に贈り、玉砕を決意。同月一八日、榎本ら五稜郭を出て降服 ◇六月三〇日、東京着入獄
三	一八七〇	三五	この年、牢中にて学習に努め、北海道開拓案を検討
四	一八七一	三六	八月二六日、母こと死去
五	一八七二	三七	正月六日、出牢して親類宅に謹慎 ◇三月六日、放免。同月八日、開拓使四等出仕、北海道鉱山検査巡回を拝命。大島らも開拓使に出仕 ◇五月三〇日、函館上陸。六月一日より函館近傍の山の鉱物調査(―六月八日)。夏にかけて道北東地方の鉱物、その他の調査、九月より後志地方の石炭山調査
六	一八七三	三八	一月一七日、開拓中判官拝命 ◇三月、いわゆる三者会談。ケプロンとの対立明らかとなる ◇八月末、イクシベツ、空知川沿岸の石炭山調査(―一二月) ◇一〇月七日、札幌市を発ち、道東調査に赴く ◇一二月二二日帰京届を出す
明治七	一八七四	三九	一月一四日、海軍中将拝命。同一八日、黒田の案により樺太問題処理のための特命全権公使拝命 ◇六月一〇日、ペテルブルグに着任。同月一二日、国土交換の第一回交渉に入る ◇この間交渉のかたわら、シベリア・千島の歴史地理・物産調査

八	一八七五	四〇	交渉は島上境界より千島・樺太交換交渉に入り、四月一七日、政府は交換に同意 ◇五月七日、千島・樺太交換条約調印 ◇八月二二日、東京で批准書を交換 ◇八、九月、ヨーロッパ視察
九	一八七六	四一	この年、ペテルブルグにて大陸政策を構想。また、千島開発について調査
一〇	一八七七	四二	西南戦争により帰国延期、露土戦争による情勢にそなえて滞在
一一	一八七八	四三	七月二六日、シベリア経由帰国の途につく ◇九月二八日、小樽上陸。古代文字を調査 ◇一〇月二一日、帰京
一二	一八七九	四四	二月一二日、条約改正取調御用掛 ◇九月一〇日、兼補外務省二等出仕 ◇一一月六日、兼任外務大輔、同月一八日、兼任議定官 ◇この年、地学協会の創立を唱え、副会長
一三	一八八〇	四五	二月二八日海軍卿兼任
一四	一八八一	四六	四月七日、海軍卿兼任を免ぜらる ◇五月七日、皇居造営御用掛
明治一五	一八八二	四七	五月二七日、皇居造営事務副総裁 ◇八月一二日駐清特命全権公使。皇居造営事務副総裁被免
一八	一八八五	五〇	一〇月一一日、帰国 ◇一二月二二日、逓信大臣（伊藤博文初代）
二〇	一八八七	五二	五月二四日、子爵に列す
二一	一八八八	五三	四月三〇日、臨時兼任農商務大臣（黒田内閣） ◇七月二五日、臨時農商務大臣被免 ◇この年、日本家禽協会会長

二二	一八八九	五四	二月一一日、文部大臣森有礼暗殺　◇三月二二日、文部大臣　◇一二月山県内閣のもとで留任
二三	一八九〇	五五	五月一七日、山県と合わず、文相辞任、枢密顧問官
二四	一八九一	五六	三月、東京農業大学の前身徳川育英会による育英黌農業科を設立。管理長に就任。五月、大津事件。同月二九日、外務大臣（松方内閣）　◇一一月、福沢諭吉、「瘠我慢の説」を発表
二五	一八九二	五七	八月八日、外務大臣辞任、枢密顧問官　◇この年、妻たつ死去
二六	一八九二	五八	二月一一日、議定官
二七	一八九四	五九	一月二二日、農商務大臣（伊藤内閣）。第四回内国勧業博覧会副総裁
三〇	一八九七	六二	三月二九日、足尾鉱毒事件の責めを負って農商務大臣を辞任 この年、メキシコ榎本殖民地開設
四一	一九〇八	七三	一〇月二六日、死去。（駒込の吉祥寺に埋葬）

『資料榎本武揚』（加茂儀一編　新人物往来社刊）をもとに一部追加した。

横井時敬と東京農大

松田藤四郎

稲のことは稲に聞け　農業のことは農民に聞け（時敬）

東京農業大学初代学長・横井時敬

横井時敬と東京農大

目次

はじめに

今日は「横井時敬と東京農業大学」ということで、かなりアカデミックな話というイメージで、ちょっと固い話になるかも知れないようで、敬遠されがちではないかと心配しています。最初に、「いったい農学って何か」という問題から始めます。このことは、明治のはじめから、こういう問題が起きていて、これからお話をする横井時敬先生当時からで、現在もなおそうです。日本の農業は、ご承知のように衰退してきております。世界の食糧問題や環境問題も大きな課題です。その中で農学の果たす役割は、非常に大きいわけです。

私が会員になっている日本学術会議というものは、日本の学者の国会のようなものですけれども、そういうところでも、いろいろな議論をしていて、今も、学問のわけ方をもう一度考え直そうという気運になっています。そういう中で農学というものも、他の学問分野と同じように、やはりいろいろと息詰まったところがあり、また、概念そのものも、従来どおりで良いかどうか、そういうことも問題になっています。

東京農大は総合大学

東京農業大学は、この農学という分野を一番広く考えて教育研究している大学（注東京農業大学の大学院、学部学科体制）なんです。例えば、栄養科学科がありますけれども、栄養科学科は、全国の農学系学部の中では東京農大に一つしかありません。なんで、栄養科学科が農学部系なんだということもあります。普通は、家政学部だとか、他の学部に属しています。また、醸造科学科、あるいは造園科学科というものがあり、醸造科学科というのは、日本でただ一つの学科です。これも農学系に入っております。いろいろな学科がありますし、研究している内容は、はたしてこれが農学系かと思われるような研究がたくさんあるわけです。卒業式で、学長賞を贈呈するといったような優秀な論文でも、はたしてこれは、農学の学位なのか、理学部の学位なのか、医学部の学位なのか、学士の中身がわかりかねるというようなものもあって、おそらく学生諸君だって、「農とは何か」と聞かれたならば、なんと答えるか、迷うんじゃないかと思います。

今日は、そういうふうな、今悩んでいる農学というものをどういうふうに考えていったらいいかといったようなことを最後には話してみたいと思っています。

そもそも、この横井時敬先生は、いったいどういうふうにして、この農学というものを考え、また、この東京農大を育てたのかといったようなことを、横井先生を通して考えて、横井先生の考え方を現在に引き戻して、少し考えてみたいということです。

注　東京農業大学の大学院・学部体制（平成三〇年四月現在）

東京農業大学大学院　農学研究科（世田谷キャンパス、厚木キャンパス）
生物産業学研究科（北海道オホーツクキャンパス）

東京農業大学
農学部（厚木キャンパス）
応用生物科学部（世田谷キャンパス）
生命科学部（世田谷キャンパス）
地域環境科学部（世田谷キャンパス）
国際食料情報学部（世田谷キャンパス）
生物産業学部（北海道オホーツクキャンパス）

なお、学校法人東京農業大学傘下に次の学校がある。
東京情報大学大学院　総合情報学研究科（千葉市）
東京情報大学　　　　総合情報学部（千葉市）
　　　　　　　　　　看護学部（千葉市）
総学校
　東京農業大学第一高等学校（東京都世田谷区）
　東京農業大学第二高等学校（群馬県高崎市）
　東京農業大学第三高等学校（埼玉県東松山市）
　東京農業大学第一高等学校中等部（東京都世田谷区）
　東京農業大学第三高等学校附属中学校（埼玉県東松山市）
　東京農業大学稲花小学校（東京都世田谷区）

横井時敬先生

榎本武揚先生

東京農大の生みの親・榎本武揚
東京農大の育ての親・横井時敬

東京農大の正門を入りますとすぐのところに、まず、榎本武揚（たけあき）、通称ブヨウと呼んでいますけれども、榎本武揚先生（天保七年八月二五日～明治四一年一〇月二六日）の胸像（**写真**）があります。その並びの奥に横井時敬（ときよし）先生、通称ジケイと呼んでいますが、横井時敬先生（万延元年一月七日～昭和二年一一月一日）の胸像（**写真**）と二つの胸像があります。

このことで話せば長いことがいろいろありますが、西郷光彦教授が理事長をしているとき、私が、こういうふうにしようと提案をしたのです。「榎本先生は、東京農業大学の生みの親」、「横井先生は、東京農業大学の育ての親」というふうに定めました。

榎本先生が、東京農業大学の前身をお創りになりました。それは、明治二四年(一八九一)のことで、今から一〇〇年以上も前の話です。明治二四年に、この学校の先祖(育英黌農業科)をお創りになって、そして六年間でこの学校から身を引かれました。

この学校を創ったけれども、六年間でこの大学を捨ててしまった。それを拾い上げて育ててくれたのが、今日、お話する横井時敬先生(**注**　初代東京農業大学学長)です。横井先生は明治三〇年から、亡くなる昭和二年まで、最初は東京農業大学といってませんでしたけれども、農学校、専門学校、大学というふうにまで昇格をさせて、今日の東京農業大学の基礎を作って下さったのです。三〇年以上にわたって校長、学長の職を続け今日の基礎を作って頂いたのが、横井時敬先生です。

注　東京農業大学の歴代学長

初代　横井　時敬（よこい　ときよし）　就任／明治44・11・16～昭和2・11・1

二代　吉川　祐輝（きつかわ　すけてる）就任／昭和2・11・10～昭和14・5・14
三代　佐藤　寛次（さとう　かんじ）就任／昭和14・5・15～昭和30・6・20
四代　千葉　三郎（ちば　さぶろう）就任／昭和30・6・21～昭和34・6・18
五代　三浦肆玖楼（みうら　しくろう）就任／昭和34・6・19～昭和36・10・4
六代　内藤　敬（ないとう　ひろし）就任／昭和36・10・5～昭和46・10・26
七代　平林　忠（ひらばやし　ただし）就任／昭和46・10・27～昭和50・6・30
八代　鈴木　隆雄（すずき　たかお）就任／昭和50・7・5～昭和62・7・4
九代　松田藤四郎（まつだ　とうしろう）就任／昭和62・7・5～平成11・7・4
十代　進士五十八（しんじ　いそや）就任／平成11・7・5～平成17・7・4
十一代　大澤　貫寿（おおさわ　かんじゅ）就任／平成17・7・5～平成25年7・4
十二代　髙野　克己（たかの　かつみ）就任／平成25・7・5～

そういうことで、今日は、そもそも大学の始まりであった生みの親の榎本先生、当時榎本先生が作った学校はどんなものであったか。それを引き継いで、横井先生がどのように発展させていったのか。その中で東京農大を発展させる中で、横井先生は、農業とか、農学とか、農民・農村というようなものをどのように考えていて、この東京農大に何を期待していたのか、というふうなことをお話をしてみようと思っています。横井先生の考えていたことと現代と少し突き合わせてみたいと思っています。

横井先生は、東京農大の初代の学長ですけれども、東京大学の農学部の教授でもあったわけです。二足のわらじをはいていたわけです。東京大学が帝国大学になった時の帝国農科大学（東京がついていなかった）の最初の農学第一講座の担任だったんですね。その正教授に明治二七年になりました。明治二六年に帝国大学農科大学になった。その後に、帝国大学というのが、京都にできましたから、最初は帝国大学は東京にしかなかったので、わざと、東京とはつけておりませんでしたけれども、その後東京帝国農科大学ということになったわけです。明治二六年に帝国大学農科大学ができて、農学の第一講座ができました。二七年からです。二六年、一年間はちょっと、他の人が非常勤でやっていましたけれども、二七年から農学第一講座の正教授、担任でおられました。

東京大学の横井先生の流れの農学第一講座は、平成六年に一〇〇年の歴史をもって、閉じてしまいました。東京大学農学部は、現在大学院大学ということで、講座の名前も変わってしまって、横井先生の作られた系統の講座は、なくなりました。

横井先生の後に講座を引き継いだのが、東京農業大学の第三代学長(昭和一四年五月一五日から昭和三〇年六月二〇日まで)になった佐藤寛次先生です。その後に講座を引き継いだのが、国際農業開発学科の教授をされた磯邉俊彦先生のお父さんの磯辺俊秀先生で、農学第一講座の第三代目です。第四代目が『稲のことは稲にきけ――近代農学の始祖　横井時敬』(注　平成八年五月　家の光協会刊)の編著者の一人金沢夏樹先生です。第五代目が東大農学部長をして、オホーツクの生物産業学部の教授であった和田照男先生(平成一〇年一月一〇日逝去)です。ここで横井先生の東京大学の農学第一講座はなくなってしまいましたが、その系統は八木宏典教授がやっています。

今、東大の流れをいいましたのは自分のことをいいたくていったのですが、東京農大の方は、横井時敬先生の晩年の弟子に、我妻東策という先生がおられました。この我妻東策先生が、東京農大の農業経済学科(現在の国際食料情報学部食料環境経済学科)をつくられました。その先生が、横井先生につれられて東京農大にこられ、教授になって農業経済学科をつくられた。私は、その我妻東策先生の弟子になります。それで東京農大では、三代目になるわけです。私の他に直接の三代目の弟子ということになると、農業経済でいいますと、竹中久二雄教授(現在、東京農業大学名誉教授)、須々田黎吉教授です。私共は、我妻先生の直接の教え子ですから、横井先生の孫弟子ということになります。

それから、後でいいますが、横井先生は、日本における農業経済学の始祖といわれていますが、その流れを私共はくんでいるということです。東京農大では、横井先生の作物学の流れは農学部農学科の作物学研究室がくんでいます。

そんなことで東京農大は、つくったのが榎本武揚先生。榎本武揚先生の話を始めると、何時間もかかってしまいますので、今日は横井先生の話ですから榎本先生の話はちょっとだけ触れさせていただきます。

注 『稲のことは稲にきけ——近代農学の始祖——』 金沢夏樹・松田藤四郎編著

目　次

東京農大は今

ここでスライドをちょっと見ていただきます。

これが現在の世田谷キャンパス（**写真**）の東京農業大学です。正門門柱の表札の「東京農業大学」は、ご承知と思いますけれども、棟方志功の書いた字です。棟方志功

東京農大正門、表札は棟方志功の筆

世田谷キャンパス／東京都世田谷区

厚木キャンパス／神奈川県厚木市

オホーツクキャンパス／北海道網走市

明治28年に開設された飯田町停車場。当時この駅は中央東線の始発駅であった

を知っていますね。世界的版画の大家です。もう亡くなられましたけれど、棟方志功が東京農大と縁があってこの看板を書いて頂いたものです。

それから、行ったことがないという人が多いと思いますけれど、これはオホーツクキャンパス（**写真**）です。生物産業学部の現在のキャンパスです。学生が一六〇〇人ほどです。それから世田谷キャンパスとオホーツクキャンパスがあり、平成一〇年四月から新しく神奈川県厚木市に厚木キャンパス（**写真**）を開設しました。現状はこういうふうになっているわけです。

一〇〇年前の東京農大

ずっと一〇〇年以上前に戻ります。これは汽車で

東京農業大学開校の地

すが、煙突の長い、当時薪を焚いて走ったのですが、これはどこの駅だと思いますか。これが現在の新宿から東京の間を走っている中央線の飯田橋の駅（写真）です。飯田橋の駅は当時、こういうふうに作られていたんです。当時はＪＲではなくて甲武鉄道という私鉄だったんです。新宿から飯田橋まで、線路が敷かれました。このちょうど汽車の下あたりが、東京農大の発祥の地です。ここに榎本武揚先生が育英黌（いくえいこう）というのを創設しました。育英黌、その中に農業科がありました。これが東京農大の育英黌農業科のあった場所です。ここに東京農大が一八九一年に創られた場所だということで、飯田橋駅の地下鉄を出たところ、こちらから行きますと右側のところの駅の入口のところに東京農業大学開校の地（写真）という看板が立っています。見たことがないかも知れませんが、東京農大は今の飯田橋の駅の地で出発をしたんだということです。その時に育英黌には普通科、商業科があったのですけれど、学生が集まりませんで、農業科にだけ集まって、育英黌農業科、その後、育英

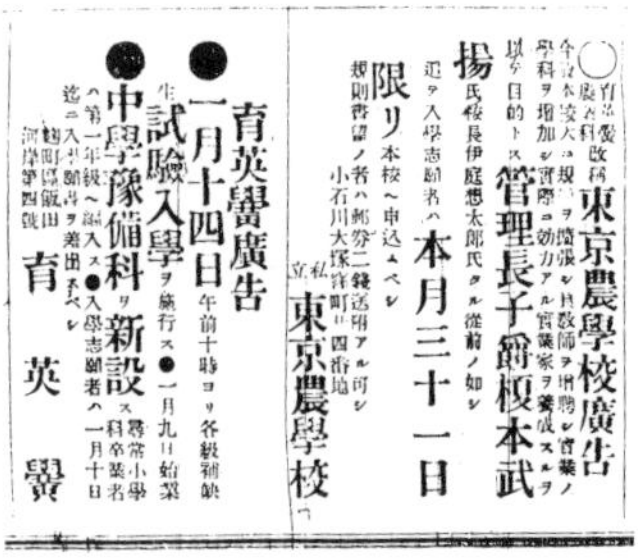
○育英黌農業科改稱　東京農學校廣告
今般本校ヲ大ニ擴張シ教師ヲ増聘シ實業ノ學科ヲ増加シ實際ニ効力アル實業家ヲ養成スルヲ以テ目的トス　管理長子爵榎本武揚　氏校長伊庭想太郎氏タル從前ノ如シ
入學志願者ハ本月三十一日迄ヲ限リ本校ヘ申込ムベシ
規則書望ノ者ハ郵券二錢送附アル可シ
小石川大塚窪町二十四番地
私立　東京農學校

育英黌廣告
●一月十四日　午前十時ヨリ各級補缺生試驗入學ヲ施行ス●一月九日始業
●中學豫備科ヲ新設ス　尋常小學科卒業者ヘ第一年級ヘ編入ス●入學志願者ヘ一月十日迄ニ入學願書ヲ差出スベシ
麹町區飯田河岸第四號　育英黌

明治26年１月２日『日本』に掲載した育英黌から分離独立した東京農学校の広告

育英黌廣告

近來社會の風潮漸く實學を重んずるを知り青年子弟頗る生産的の業務に意を傾る者多きに至り從來浮矜肩淺の流弊汚習漸く將に其跡を斂めんとす是學術上の一進歩といふへし然るに其冀望に適せしむるの校舎猶そのこれを告るもの、如し本黌茲に感する處あり主として農商の二科を設け實際應用の學術を教授し苟も本黌に於て卒業する者は直に實業に就を得るのみならず各其志を遂る上に於て最も有益なる新智を發達せしめん事を期せり尚ほ普通科を加ふるものは陸軍士官學校海軍兵學校に入り他日軍人とならんと欲するものを養成するを主とし士氣を振進し他日國家の干城たらしめん事を期し併て高等中學校高等商業學校及專門の諸學校に入校せんとする者の爲に廣く其便を謀るにあり又撰科を設け特に一科を専修せんとする者の便に供せり而して教師には各其道の專門家を聘し又諸學士に請ふて毎週講演を開き農商の二科及普通三科に關する學理を講述せしむ世に實用の學を講し大に爲すことあらんと欲する青年子弟は來學あらん事を希望す

明治二十四年三月　日　東京市麹町區飯田河岸第四號の三　私立　育英黌

管理長　子爵榎本武揚　教頭　荒川重秀　幹事　眞野
教師　農學士 岩崎行親　文學士 濱田健次郎　法學士 伴野乙彌　工學士 若山由五郎　上野濟
農學士米國法律學士同理學士 石橋絢彦　工學士土木科 荒川重秀　農學士 諏訪鹿三　其他數名　田邊朔郎　眞野肇
講師　工學士土木科　米國造家學士 妻木頼黄　小田川全之　中村宗次郎　農學士 渡瀨寅次郎　工學士機械科 巽野文二　工學士土木科 工學士 造船科 三好晉六郎　杉山正治
補助　男爵赤松則良　成瀨隆藏　天野富太郎　河野桑次郎　矢吹秀一　平山成信　吉田義高　山本假備　（以上いろは順）　田邊太一　福田重固　竹村謹吾　江原素六　中村六三郎　荒井郁之助　中村正直　天野可春
明治廿四年五月二日開校す
入學志願の者は來る四月十五日迄に申出へし規則一覽を欲せは郵券貳錢を寄送あるへし

明治24年３月19日、『日本』に掲載した育英黌開校の広告

黌分校農業科なんていっていたのですけども、明治二六年に東京農学校と名前を変えたわけです。東京農学校と変えて、その時のこれが学生募集です。育英黌農業科の学生募集広告（**写真**）です。管理長とい

管理長・榎本武揚

オランダ留学した榎本は艦船建造監督を兼ね、開陽丸に乗って帰国した

うのは、理事長みたいなものです。管理長は榎本武揚、校長は伊庭想太郎です。

東京農学校の学生募集広告（**写真**）です。これが当時のものです。なかなか学生が集まらなくて、最初の年には四五名が入学しました。この時は修業年限が二年ですけれども、卒業したのは一八名という本当に小さな学校でした。

新時代を担う国際人・榎本武揚

これがその育英黌を作った榎本武揚（**写真**）先生です。榎本先生は江戸幕府の幕臣の子ですが、大変勉強家で、努力家でした。それで幕府の留学生としてオランダに四年半も行っています。最初に幕府の鋼鉄の戦艦である開陽丸（**写真**）というのを造って乗って帰ってきたわけです。何もその操練術、船を動かす術だとか、大砲を撃つ術だとか、戦艦のことばかり勉強したのではなくて、地学とか化学とか、それから物理学とか、それに国際法まで幅広く一生懸命勉強してきたのです。

帰国後、榎本武揚先生は幕府の海軍副総裁になります。

それで官軍と戦うわけです。負けてしまって江戸城の開城ということになったんですが、この時にとにかく、幕府の海軍は日本一強かったわけです。長州の海軍とか、薩摩の海軍なんか問題でない。新政府の海軍なんか問題ではないわけですね。榎本艦隊は東京湾に八槽ほど、軍艦を並べていて、新政府西郷隆盛はその軍艦をよこせとこういうわけです。その時には、まだ徳川幕府は一番最後の徳川慶喜で、一体どこにやられるものか。徳川幕府は一体どうするのか。家来はどうなるのか。何も新政府と話がつかない。自分の殿様がどういう身分になるのかもわからない。死刑になるのか。あるいはどこかに俸禄を小さくさせられて一つの大名にさせられるのかわけがわからない。そういう話が決着つくまではオレは軍艦は手放さないというわけです。勝海舟と西郷隆盛は、この幕府の海軍は全部新政府に渡すと約束をしたんだけれども、榎本副総裁は、そこがはっきりするまでやらんといって、ぐずらぐずらして江戸湾をぐるぐるまわっていたわけです。

とうとう埒があかないので、もう北海道へ脱走するわけです。ちょうど上野の彰義隊が一日で負けちゃったものだから、榎本は北海道へ艦隊を連れていって、北海道で共和国を作ろうということにして行ったんですが、それが明治一年八月です。それで冬になって次の年の春になりますと、新政府が黒田清隆を総大将にして、榎本を攻撃にかかって、榎本は最後に函館の五稜郭で降参してしまうということになります。

新政府は降参した榎本を死刑にしようとします。死刑論者が随分多かったんですね。それで、捕まえられて、東京に篭に乗せられて護送されてきて、今の和田倉門のところにある辰の口という牢屋に投獄されてしまうのです。

ところが、黒田清隆は頭を丸坊主にして、あのような良い男を殺してはならないと働きかけます。これにはエピソードがいろいろあるわけですが、彼の高い見識と、それからそういう学識というのは、当時としては、日本最高の国際人ですね。国際のことをわかった人です。三年間牢屋に入れられていたのですけれども、ようやく黒田清隆や福沢諭吉たちが嘆願に嘆願して、一命を取り止めたのです。

ちょうどその頃ロシアと日本とで争いが起きていた。それは千島と樺太ですね。千島に日本人が行く、ロシア人もおりてくる。樺太も日本人が行き、ロシア人が来

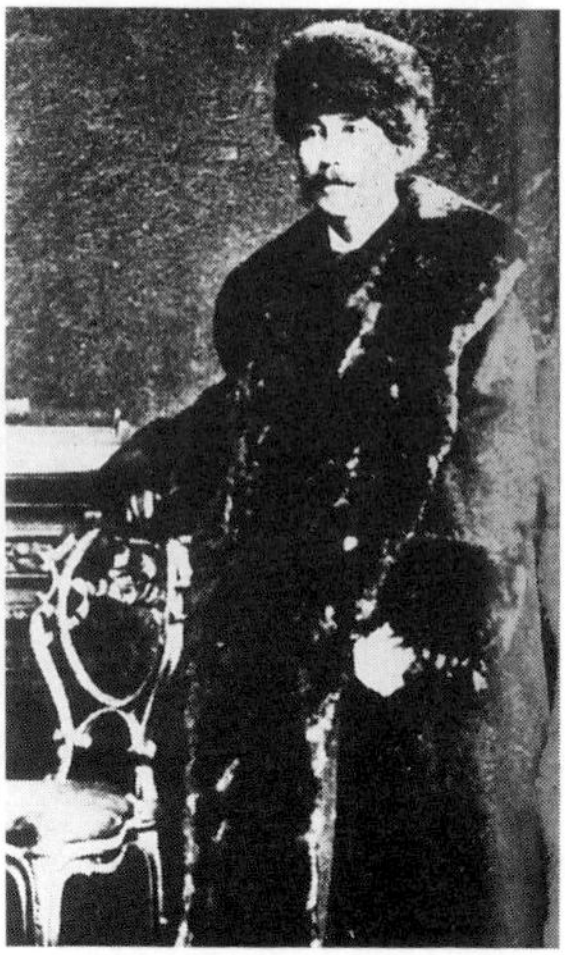

駐ロシア全権公使時代、理知的な中にも意志の強さがうかがえる

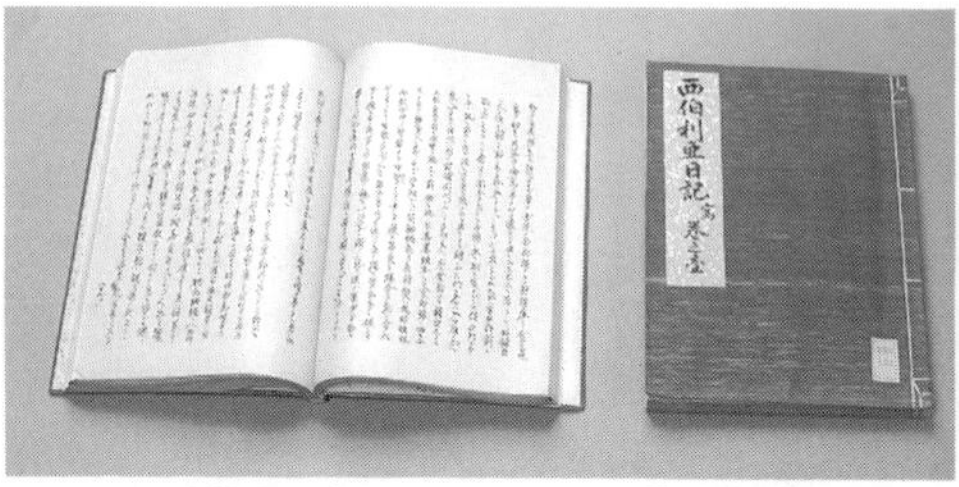

シベリア横断で克明に記録した『西伯利亜日記』は高く評価されている

る。一体どっちの領土だ。今北方領土でもめていますけれど、明治の初めに、千島と樺太はどちらの領土か、日本かロシアか、もめたわけですね。

榎本武揚先生は五カ国語に通じていたといいます。五カ国語ぺらぺらだったっていうのはどの程度かわかりませんが、五カ国語に通じていました。しかも国際人であるということで、政府は榎本先生を特命全権公使としてロシアに派遣するわけです。その当時の外交官なんですけれど、当時は軍人でないと外交官としてあまり遇せられないので、日本ではじめて海軍中将という位をもらって、ペテルスブルク（レニングラードの古称）に乗り込むわけですね。そして明治八年に、千島樺太交換条約を結んで、千島は日本のもの、樺太はロシアというふうに決めてきたんです。その当時のロシアに行った海軍中将の時代の若かりし榎本武揚（**写真**）です。

73歳の絶筆。榎本の後半生は、実に「忍耐」の一語につきる。「梁川」は雅号

大塚窪町の東京農学校新校舎。原画は、油絵。東京農大揺籃の姿として貴重

帰りはシベリアを大陸横断してきて、有名な『西伯利亜日記』（**写真**）という大変立派な本を書きました。榎本先生は帰ってきましてから、清国との日清戦争が始まる前、全権公使でいろいろと、清国とその交渉もやります。

帰ってきまして、明治十八年に内閣制度ができますが、その時の最初の逓信大臣となります。逓信大臣をやってから文部大臣に、文部大臣をやってから外務大臣に、外務大臣をやってから農商務大臣となり、首を切られる人間が明治新政府の最も偉い人になっていた。子爵をもらったんですね。明治四一年一〇月二六日、七二歳で亡くなられました（駒込の吉祥寺に埋葬）。

これが榎本武揚先生が創った時の東京農学校（**写真**）です。これは先程の飯田橋の駅ができてしまって、そこにいることができなくなって、翌年、大塚窪町、

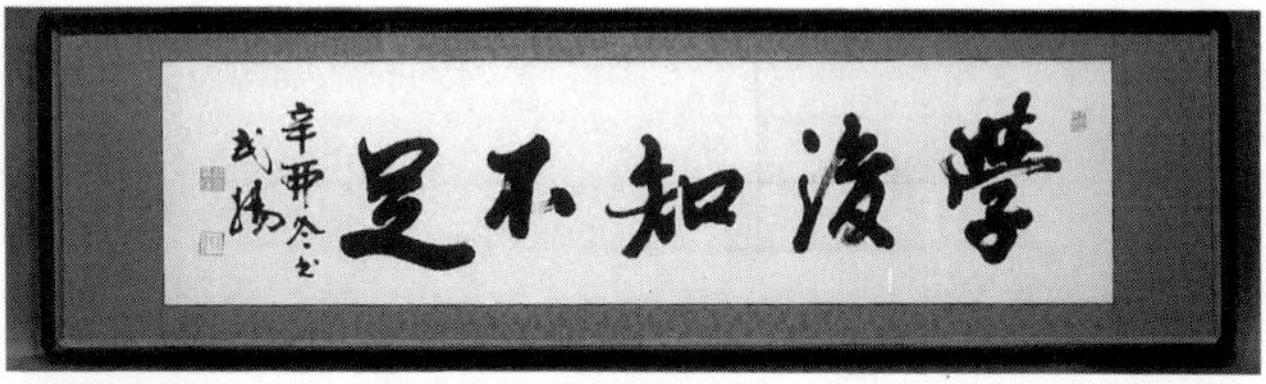

育英黌開学の年、明治24年(56歳)の書。青少年時代、学問に熱中した榎本は、後年になっても学ぶことの尊さを忘れなかった

昔の東京教育大学農学部（現在の筑波大学）の場所にあった。これが最初の教室、東京農大の教室です。

これは「忍耐」（**写真**）。これは、梁川（りょうせん）という雅号がありますね。榎本武揚先生の書です。これは絶筆です。亡くなる近くに書いた。りょうせんというのは、本当は最初は柳川と書いた。というのは、榎本武揚先生は上野の近くの御徒町の柳川町で生まれているわけです。ところが柳川というのは、柳川鍋に通ずるものだから、俺はこの柳川鍋じゃいやだというので、この梁川に変えたということです。

榎本武揚先生という人は大変な人ですね。若い時、子供の時から一生懸命勉強して死ぬまで勉強好きで、勉強をやっていた人です。これは、今は左から読むけれども昔は右から読みますからね。一番右は「学」です。その次は、前後の「後」、それから知識の「知」、足らずの「不足」ということですね。これは、「学後

横井時敬、晩年の講義。好々爺然とした風貌だが、反骨精神は生涯持ち続けた

知不足(学びてのち足らざるを知る)」(写真)です。オホーツクキャンパスの図書館に掲げてあります。どれだけ学んでも学んでも、知ることは、いくらでもある。みんな勉強するってことは、これでいいってことはないんです。

東京農大の発展に情熱を注いだ横井時敬

これが横井時敬先生(写真)です。横井先生ですが、毎週欠かさず、学生に講義をしていたのです。当時は修身といったんです。修身の講義を毎週やっていた。その時の渋谷での横井先生の講義(写真)です。これは横井先生の晩年です。横井先生は六七歳で、昭和二年に亡くなりました。勲一等瑞宝章をもらっています。

横井校長の倫理の講義、教科書を使用せず、学生の質問に答える形をとった。その内容は極めて広範囲におよんだ

先程いいましたように、横井先生は、東大の教授であり、東京農大の学長であるということなんですけれども、横井先生は駒場農学校に入学しました。駒場農学校というのは今の東大農学部の前身です。今の駒場の教養学部のある所が駒場農学校です。これは明治一〇年にできた駒場農学校です。横井先生は第二期生です。この学校に入ったということなんですが、横井先生の経歴を申し上げます。

横井先生は、生まれた場所は熊本県です。熊本の肥後の細川さんの家来で、お父さんは二〇〇石とりの、中くらいの武士です。その家に生れたのですけれども、生れたのは万延元年、西暦でいいますと一八六〇年です。一八六〇年というのは、時の大老井伊直弼が三月三日、桃の節句の日に、あの水戸浪士によって、殺害された年です。安政の大獄のあと、井伊大老が殺された、その年です。

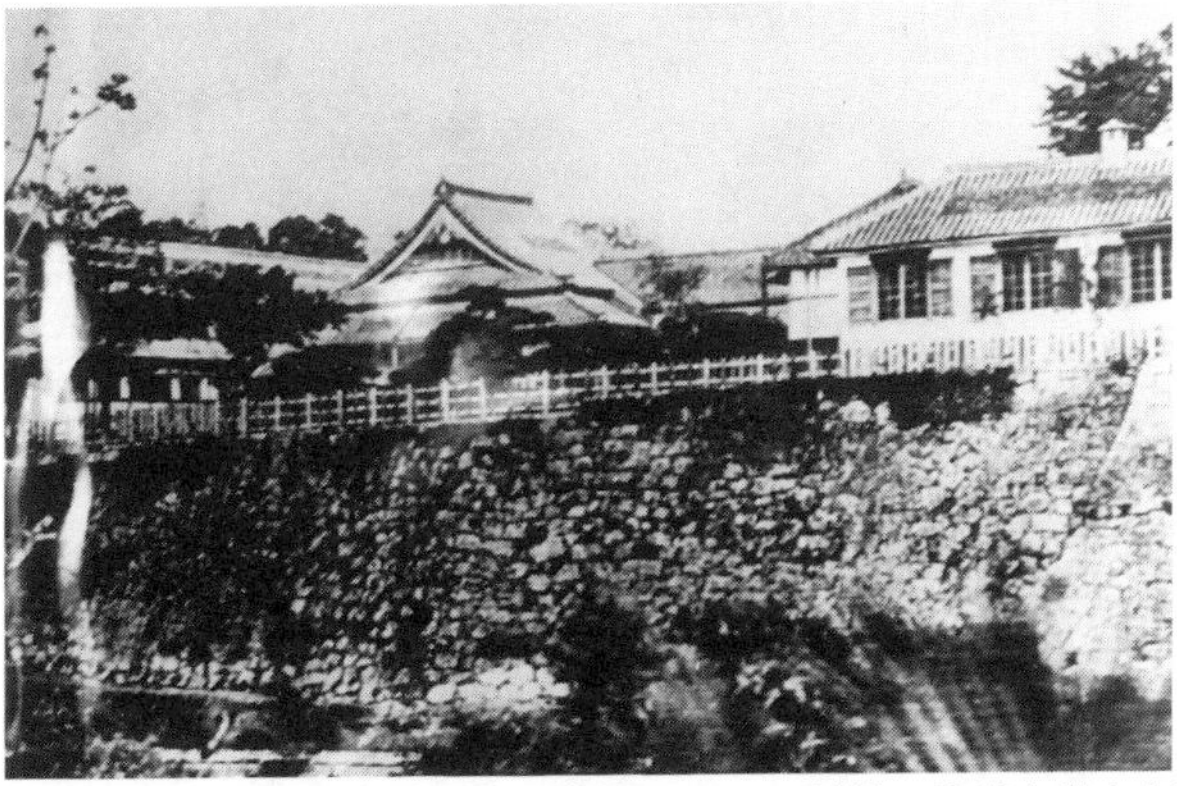

明治4年開設の熊本洋学校。横井はここで科学の基礎を学んだ

一八六〇年というのは、明治維新が一八六八年ですから、明治維新のちょっと前くらいです。先程の榎本武揚先生とは、二四歳の違いです。榎本先生の方が、二三歳上です。榎本武揚先生と勝海舟とは、一三、四歳勝海舟が上という状況です。ついでにいいますと、後で出てくる札幌農学校の新渡戸稲造は、横井先生の一つ下というところです。

横井先生は一八六〇年に生まれて、お父さんが七歳の時に亡くなってしまった。お母さんに育てられたわけです。それで、熊本藩には学校がありまして、熊本細川藩には時習館という侍の子が入る学校がありました。ところが、熊本は有名な横井小楠という開国派の理論家の立派な学者がいました。そして、これからの世の中は、世界に目を向けて、鎖国から開国へというふうなことで、その時習館も開国派の人たちによって、新しい学校にしていこうということになり、時習館を改めて熊本洋学校（**写真**）というのを熊本のお城の中に創ります。それが明治四年の話です。その時に横井先生は、若干、十三歳なんですが、最年少で熊本洋学校に入学をいたします。受験生が五〇〇名ほどいたそうですが、そのうち四五名が熊本洋学校に入学できました。

この頃には、ちょうどアメリカの南北戦争が終って、アメリカから熊本藩が先生を呼びます。北軍の砲兵、砲兵大尉であったL.L.ジェーンズという人を校長に迎えまして、そして、熊本洋学校を開いたわけです。ここへ横井先生が入った。全部英語です。

全部英語でやるわけですから、ついてこれないものが続々出てきてしまう。卒業したのは、この半分以下という状況です。その熊本洋学校を明治八年に四年間で卒業し、その後このジェーンズ先生の助手をやります。助手をやりますが、明治九年に熊本の方の開明派が争いあい古い方の派の方が勝って、熊本洋学校はつぶれてしまう。

その後、横井先生は、駒場農学校に入ってきて、そして、駒場農学校を優等生で出て、それから福岡農学校に勤務して、その後、農学校が廃止され農業試験場になります。そこで横井先生の学者としてのスタートがきられるわけです。横井先生が、日本における近代農学の始祖といわれるのは、福岡農業試験場時代にはじめて近代農学の理論を使って稲作改良をやったからです。

駒場農学校と札幌農学校

話が前後しますが、駒場農学校（明治一〇年開校）の先生が、どこから来たかというと、全部イギリスから来ていました。イギリスから先生が来て、イギリス流の農業、農学を教えました。他方、一年前に札幌農学校（明治九年開校）ができています。札幌農学校は皆さんも知っているように、ボーイズ・ビ・アンビシャスで有名なクラーク先生が教頭で、最初に呼ばれて、あそこをお創りになって、伝統を築き上げた。クラークはたった日本に八カ月間しかいなかったんですが、これだけ影響力を残した人です。

クラークは、ちなみにアメリカのマサチューセッツ州立大学の初代の学長ですが、学長のまま、札幌農学校の教頭に八カ月間来ていた。私は北海道出身ですから、クラークの創った大学に留学しました。それは余計な話ですが、その札幌農学校は、アメリカからアメリカ人が来て、その学校の教頭をやる。駒場農学校は、イギリス人が来てやったこと、教えたことはどういうことかといいますと、札幌農学校は、クラークはアメリカ流の農学を教えた。もっともマサチューセッツに行けばよく分かりますけれど、マサチューセッツの農業というのは、北海道の農業と同じような条件下です。だから新大陸で新しい農業をやるというのは、もうアメリカの農業をそのままやれば、北海道の農業はいい、けれども日本の学生は、米が食いたくて仕様がなかった。北海道は米がとれなかったんですね。米がとれなくて米を食うことは厳禁でした。クラークは、生徒には米を食わせなかった。ただ、ライスカレーだけは食ってもいいといったというので、ライスカレーの語源はクラークだという話もあるのです。物の本にはそう書いてあります。

札幌農学校は、もともと大農方式、アメリカ方式の農業を北海道でやろうということで、学生に教えた。駒場の農学校に来たイギリス人は、何を教えたかというと、イギリスも米を作っておりませんから、畑作ですね。イギリスの畑作農業、イギリスの農学をそのまま教えたわけです。そうすると駒場農学校を出た人たちはこんなもの役に立たないということになります。せっかく莫大な国費をかけて農学校は作ったけれども、役に立たない農学士ばっかりで、どうしようもない。こういうふうなことで、そういうのを泰西農学っていうんですね。ヨーロッパの農学を直輸入で日本に教えていたということだったんです。

近代農学の第一歩、塩水選種法

ところが、横井先生は、そういうふうなヨーロッパの農学では駄目だ。やはり日本には日本的な水田というものがあり、しかも農民が、小さい、狭い田んぼの中でやっている日本なりの、今まで営々とやってきた農業がある。これを実地にやってきた日本の精農家だとか、篤農家と話し合って、日本でやっているその稲作というものが、科学的、サイエンス的であるかどうかということを福岡へいって、実証してみたわけです。その頃は、とにかく米をたくさんとる、現在では米は明治時代の三倍とれているんです。同じ面積からです。だから昔からの農民では、単位面積当たりどのくらいの収量をとるかということが、大事な技術だったのです。そのためには何が収量に影響するのかということで、肥料をやればいいんじゃないかとか。土地を肥やせばいいんじゃないかとか。そういうことがいろいろあるのですけれど、一つ大事なことは種です。種子が良い種子であるかどうかということ、あるいはその種子が適地に合っているかどうかというようなことは非常に大事なことになります。

それで、その当時の福岡県の農民たちはいかにしていい種子を採るか、あるいは良い種子を選んで植えるかということを研究していた。いろんな説があったわけですね。そのいろんな説を横井先生が自分で実験してみた。実験してみて、そして自分で発明したのが有名な塩水選種法です。塩水選種法というのは、種籾（たねもみ）は塩水の比重によって浮き沈みするんだということです。横井先生は、五段階に水と塩との割合を決めて、そこへ籾を浮かせる。そうすると悪い種子は上に浮いてしまう。いい種子は下の方へ沈んでいく。それを繰り返して一番いい籾を種にするというわけですね。そういうことを農家がいろいろな形でやっていたことを一つ一つ実験をして、その方法を見つけ出して、そして、その方法を普及させた。そういうことであれば、どんどん良い米がたくさんとれるから、全国にそれが普及していったのです。はじめて近代農学を使って、改良の方法を考えたというわけです。

この横井先生の百年前にやった塩水撰種法というのは、今だって農家でやっているわけです。作物学者として横井先生は頭角を現わします。先ほどいったように駒場農学校はイギリスの学者だったんだけれども、これはどうも使いものにならないということで、契約が三年位だったか、四年位だったか、もう帰してしまった。

次に誰が来たかというと、ドイツの農学者が来たんですね。ドイツの農学者が来て駒場農学校で教えた。ドイツの農学者はいろいろとその中で、特に友田清彦先生(東京農業大学国際食料情報学部食料環境経済学科)が専門で研究していますけれども、フェスカという人が、日本全国を歩いてみた。ところが、福岡へ行ったら、大変な人間がいる。横井時敬という素晴らしい農学者がいるということで驚いて、そして、時の農商務大臣に横井先生を推薦し、それからまた、東大の教授へとなられたわけです。横井先生はそれで作物学者として名を残しましたけれども、その後で、農業経済学をも勉強されて、最後は『小農に関する研究』(昭和二年五月　丸善刊)という有名な本を書いて、亡くなられました(昭和二年一一月一日逝去、享年六七歳、東京都府中市の多磨霊園に埋葬される。)けれども、学者としては、前半生は作物学者、後半生は農業経済学者というふうであったんだということです。

東京農大と横井時敬

先ほどいいましたように、榎本武揚先生は明治三〇年で東京農大をやめますけれど、横井先生は明治三〇年から教頭となって、その後、校長、学長として死ぬまでやりました。本当の係わりを持ったのは明治二八年なんです。東京農大は明治二四年にできて、それで横井先生が係わったのは明治二八年、なぜ横井先生が東京農大に係わりを持つようになったのか、ということですけれども、これは、いろいろと説があります。

まず一番目のことをいいますと、この榎本武揚先生が創った育英黌農業科の先生は、全員、札幌農学校を出た人たちばかりでした。この札幌農学校はどういう所かというと、クリスチャン系です。それでクラークがいる間に、教え子たちにキリスト教の誓約をさせます。その時、札幌で発生したキリスト教の普及の人達も、札幌バンドといっていました。キリスト教が日本でOKになるのは、明治四年です。その時以来、明治以降になって、キリスト教が公認になった。キリスト教は誰が広めたかというと、その核になったのは、三つあるんですよ。余計な話になってしまうけれど、三つあります。

一つは札幌バンドです。バンドというのは、どういうことかというと同盟とか団結っていう意味なんです。札幌のクラークの教え子の人たちが日本のキリスト教を広めたんですね。それからもう一つ横浜バンド。横浜を開港します。その時横浜に来たアメリカ人やヨーロッパ人が教会を建てて、そして、そこを拠点にして日本にキリスト教を布教した。もう一つは、これが先ほどいった横井先生の出た熊本洋学校です。L.L.ジェーンズはピューリタンです。ところが、L.L.ジェーンズは、学校ではキリスト教は教えなかった。しかし、個人的には家庭で教えた。この熊本洋学校の学生が二派に分かれる。キリスト教派とそれからそうでない派（水前寺派）と分かれて、争うことも熊本洋学校がつぶれていく基になるわけです。この三つのバンドがあるんです。

これらが日本のキリスト教を布教させていった。その核になったのが、熊本洋学校です。熊本洋学校は明治九年につぶれてしまいますから、L.L.ジェーンズの教え子のキリスト教徒たちは同志社にみんないって、同志社の総長になったり教授になったりしていきましたが、横井先生だけは絶対にクリスチャンにならなかった。これが一つのポイントです。

その榎本武揚先生の創った東京農学校の先生は全部札幌農学校出身だった。この先生方は東京農大を第二の札幌農学校にしょうと、私の書いた『稲のことは稲にきけ』第五章にはそう書いてあります。全員が札幌農学校出です。しかし、はっきり学生が、キリスト教に反抗したっていう史実はありません。

いろいろ調べてみると、明治二六年に学校騒動が起きます。東京農大ができて二年目に起きるんです。いろいろな事件がある。その中に学生が学校改革案というのを出すんです。そのことがあってはじめて札幌農学校出だけでやっていたんでは、この学校はつぶれてしまう。札幌農学校出はみんなアメリカ大農論を教える。日本の水田農業なんて何も分からないから教えないというわけです。東京のど真ん中でアメリカの大農論、畑作農業論やったって、そんなもの習ったって役に立たない。また学生は文句をいう。キリスト教を教えたかどうかはっきりしない。とにかくこんなことではこの学校は駄目だということで改革してくれということを学校当局に学生がせまる。

その時に登場してくるのが横井時敬先生です。榎本武揚先生が頼んで、横井先生を連れてくる。横井先生は駒場の一統全部連れてきて、東京農学校の先生方を札幌農学校から駒場農学校の先生に切り替えてしまう。切り替えて、そして東京農大を

化学教室。「青山のほとり常盤松、そびゆるタンクは我が母校……」と歌われる化学実験用のタンクが見える

次から次へと発展させて行くということになる。

飯田橋、大塚窪町から渋谷の常盤松、そして世田谷

ちょっとスライドを見ましょう。

飯田橋、そして大塚窪町（**写真**）に移り、そしてまた渋谷へと東京農大は場所をかえたのです。

東京農大の歌の「青山ほとり」（**注**）の中に「そびゆるタンク（**写真**）は我が母校」とあるものです。これが先ほどのあの大塚窪町の次に、東京農大は渋谷の常盤松に移ってきたのです。渋谷の常盤松は、世田谷に移ってくるまで東京農大があったところです。どこかというと今の青山学院のところ、二四六号線

昭和６年２月28日に完成した横井記念講堂。戦災にも講堂は焼け残った

沿いに高い塀があります。その正門から左に行きまして一番最初の小径を入ったところがこれです。これが渋谷時代の東京農大で、そびゆるタンクは我が母校っていうタンクはこんな程度だった。

　次に行きましょう。これが、横井記念講堂（**写真**）。横井先生を記念してつくった講堂です。世田谷キャンパスの百周年記念講堂のような講堂ではないんですけれど、横井記念講堂です。一番左の方に横井先生の胸像があるんですが、これは横井先生が、亡くなった後に出来上がった講堂です。一番立派なものです。渋谷の常盤松の東京農大は、先ほど見たように木造がほとんどで、終戦の時の昭和二〇年五月にアメリカの空襲で全部焼けてしまったんです。焼けてしまって、この講堂だけが残ったんです。ですから、学生が戦場から帰ってきても教室がなかったんです。教室がなくて世田谷の用賀に農場がありましたから、農場に一時避難して勉強を始めたわけです。そのうちにここ世田谷の地が占領軍に接収されていたものを一部借り受けて教室にしたのです。あの当時の東京農大、戦前の東京農大というのは、学生も七〇〇人程度なんです。

小さな大学で、ここ常盤松校舎が焼けたのを幸いというのもなんですけれども、青山大学の中等部になっているところが、東京農大の元の場所です。

亭々とそびえる老松は、古くからこの地の象徴であった

次、これが学歌にある「常盤の松風」、常盤の松(**写真**)です。入口に常盤の松がありました。この常盤の松にはいろいろな説があります。あの源義朝の常盤御前が植えた松とかなんとかいうのですが、本当かどうかは分からない。とにかくこういう古い松があったのですから、学歌で常盤の松風というのです。ここは

塩水選種法記念碑は、現在福岡県農業総合試験場の前庭にある

今の渋谷です。こんな状態だった。もともとここは、薩摩藩の下屋敷があったところです。

次に進みましょう。

これが先ほど話しましたのですが、その横井先生が、日本人としてはじめて、近代農学として日本流の農学を築き上げた記念すべき塩水選種法、それを記念しまして、福岡県の農業総合試験場の前庭にこの塩水選種法記念碑（**写真**）があります。横井先生が作った業績を記念して今もってあるわけです。

渡良瀬川鉱毒農民は、命の恩人として横井の死を悼んだ

横井の膨大な著述は全10巻の全集に収められている

次に進みましょう。

話があっちこっちへ飛んで、申し訳ないですが、横井先生はいろいろな活動しました。

社会的活動も、ものすごくやったんですよ。足尾銅山鉱毒被害民の大恩人（**写真**）、足尾銅山の鉱毒事件という大変な明治時代の大事件でした。それを会社が時の政府に鉱毒は起こしていないといい張った。俺たちではないといい張ったんですね。だけど横井先生は、自分で、実地調査に行って、そんなことはない。足尾銅山の鉱毒が、農地を被害し、農民を苦しめ、魚がみんな死んでしまったんだということを大々的にいって戦ったのです。その時の農商務大臣が、榎本武揚先生なのです。榎本武揚先生は、百姓のなりをして、編み笠かぶって現

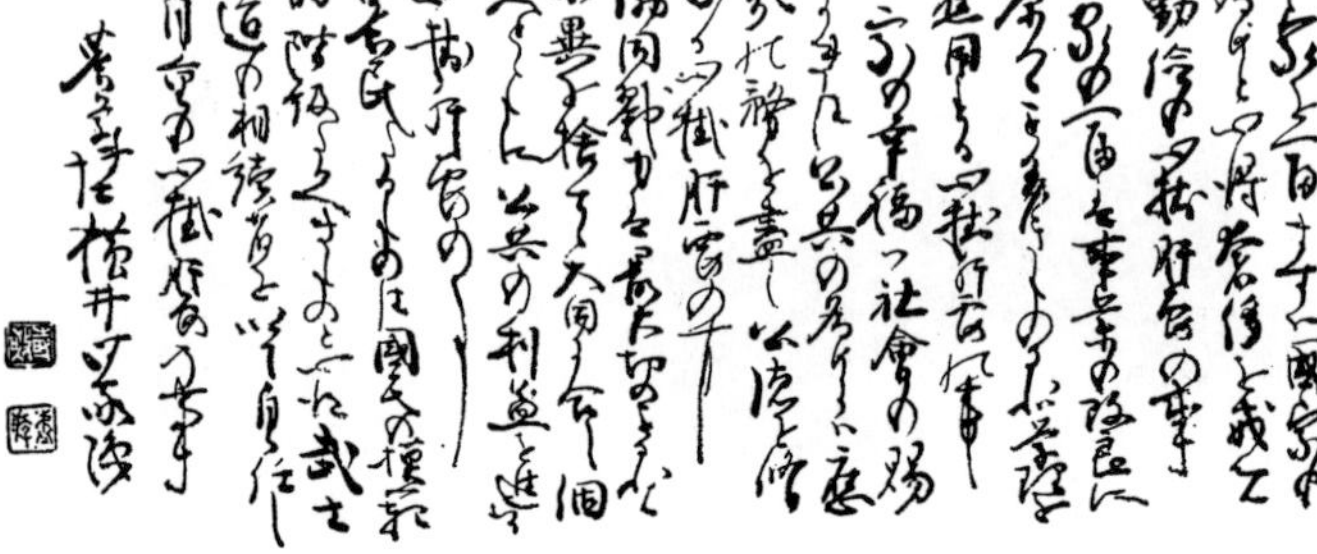

横井時敬「農家五訓」墨書。勤倹・学理・公徳・公利のほかに農民は武士道の相続者であれと説かれている

地へいってみて、現地の被害を見て、これは会社のいうことと違うと、それで責任を感じて農商務大臣を辞めてしまった。以後、榎本武揚先生は明治政府の要職につくことはなかった。横井先生は公害の原点で戦った。その大恩人ということで、横井先生が亡くなった時、この旗を持って農民たちが来てくれたということです。

次に行きましょう。

これは『横井博士全集』(**写真**　横井博士全集　全一〇巻　大正一四年八月　大日本農会刊)です。全一〇巻ある。教育の話から、あるいは小説から、いろんな話があります。

これは、横井先生の書かれた「農家五訓」(**写真**)です。

これは、「質実剛健」(**写真**　かざりけがなく真面目で、心がしっかりしてゆるがないこと)。横井先生の書

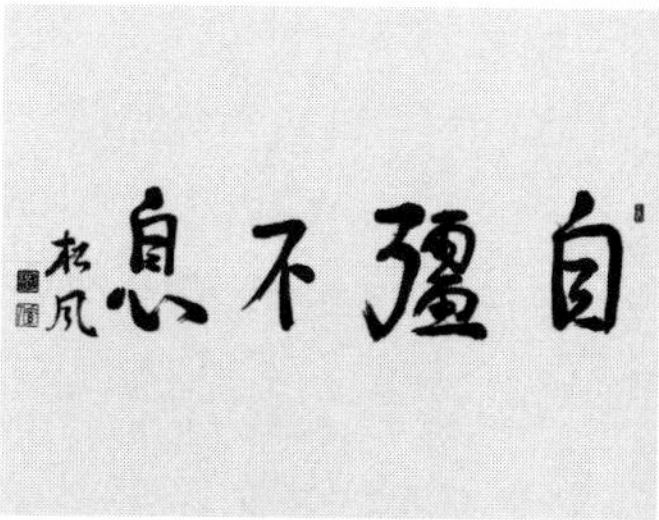

著者・松田藤四郎の書、
ブラジル農大会館にある

雄渾な筆勢。書家としても一流であった

です。これは東京農大の図書館にある。良く、東京農大のことを質実剛健というでしょう。

次、これは、「自彊不息(じきょうやまず)」(写真　みずから勉めて励むこと。易経に天行健、君子以自彊不息とある)。横井先生の言葉に、「自彊不息」とか、「質実剛健」とか、あるいは、「独立不羈(どくりつふき)」(他人の束縛を受けたり力を借りたりしないで、自分で行動、生活すること、自由をしばられないこと)とかいろいろなことがあるんです。「自彊不息」は、自ら、自分で人の力を借りないで努力してことにあたるという意味ですが、たまたま横井先生の字がなくて、これは誰の字かというと、僕の字です。

注

「青山ほとり」　作詞・作曲／市山正輝

農大生元気あるかい
苦しき時の父となり
悲しい時の母となり
楽しときの友となり
いざ歌わんかな踊らんかな
農大名物青山ほとり

一
青山ほとり常盤松
聳ゆるタンクは我母校
何時も元気は山を抜く
農大健児の意気を見よ
今日も勝たずにおくものか
そりゃつき飛ばせ　投げ飛ばせ

二
お前達や威張ったて　知っちよるか
お米の実る木は知りゃすまい
知りゃなきゃ教えて上げようか
おいらが農場へついてこい
金波銀波の打つ様は
そりゃ踊りゃんせ　踊りゃんせ

三
農大健児はすまないが
お米の実る木がついている
昔も今も変わらない
人間喰わずに生きらりょか
命あっての物種じゃ
そりゃ惚れりゃんせ　惚れりゃんせ

四
お嫁に行くならお娘さんよ
お百姓さんに行きゃしゃんせ
難しい事は抜きにして
ちょっくら考え御覧じろ
お腹の貧じい事はない
そりゃ結婚せ　結婚せ

東京農大の教育目的の変遷

さてそれでは、そろそろ農業についての話をします。横井先生は、東京農業大学の前身である東京農学校の最初は、遠慮して教頭にしかならなかったのです。だけれど、校長はいないんですが、自分が全部、校長、兼教頭、何でもやっていたわけです。

その時の東京農学校規則の目的を述べると、第一条は、

「本校ハ農ノ学理ト技術トヲ教授スルヲ以テ目的トス」。

これが最初の時代の目的です。これは、明治三〇年一月から三四年七月までです。次の所ですが、今度はこの当時は、まだまだ小学校を出たぐらいの人をいれるわけです。三年間、明治三四年七月から明治三六年八月位までです。中学校ができ、それから農学校も文部省から整備されるようになったというので、東京農大がだいたい甲種農学校程度に認可された時代、私立東京高等農学校、その時の目的は、

「本校ハ本規則ニ揭クル程度ニ於テ農業ニ従事スル者ニ須要ナル教育ヲナス

ヲ以テ目的トス」。

私立農業高等農学校規則の第一条です。

それで、その農業というところに一つ着目したい。

次が、明治三六年八月に、はじめて専門学校令というものが、文部省でできます。その時に、東京農大もいち早く、専門学校程度の農学校になろうということで東京高等農学校の認可を受けるわけです。この時も横井先生が一生懸命にやられたわけです。その時の目的は、

「本校ハ実業専門学校ノ程度ニ於テ農業ニ従事スル者ニ須要ナル教育ヲナスヲ以テ目的トス」。


ここにも農業に従事するものに須要なるとこうあるわけです。

東京農業大学といいだしたのは明治四四年からです。明治四四年、日本には大学というのは、帝国大学令しかなかった。大学というのは、帝国大学しかなくて、早稲田でも慶應でも明治でも大学とはいっていたけれど、大学ではないんです。大学令による、法律による大学ではなくて、当時は専門学校令しかない。大学というのは帝国大学令によるものしかなかったけれども、大学と称したわけです。それで明治四四年に、専門学校令による東京農業大学といったわけです。

次はおもしろいですよ。私立東京農業大学学則です。

「本校ハ実業学校令及専門学校令ニ依リ地主並ニ農業ニ従事スル者ニ須要ナル教育ヲ為スヲ以テ目的トス」

といっています。地主ならびに農業に従事する者を相手にして教育するんですよ、とこうなったわけです。

そして、はじめて日本に大学令ができて、大学をつくる法律ができて東京農大が大学になる。日本ではじめて大学をつくっていいという法律ができたのは大正七年です。一番早くできた大学は大正八年です。それまでは、先にいいましたように、帝国大学令しかありませんから、大学というのは、東京帝国大学とか京都帝国大学とかいうものしかなかったのです。この時の大正七年の大学令によってはじめて慶應でも早稲田でも明治でも法政でも大学に申請することができたわけです。それで、明治八年に八大学が認められたのです。その時には、単科大学はおそらく認可ならないという話があって、東京農大はだめだろうという話があったのですが、ふたを開けてみたら東京高等商業学校が東京商科大学（現一橋大学）に昇格してしまったのです。

それでビックリして、単科大学でも大学になれるんだと、こういうことで、では

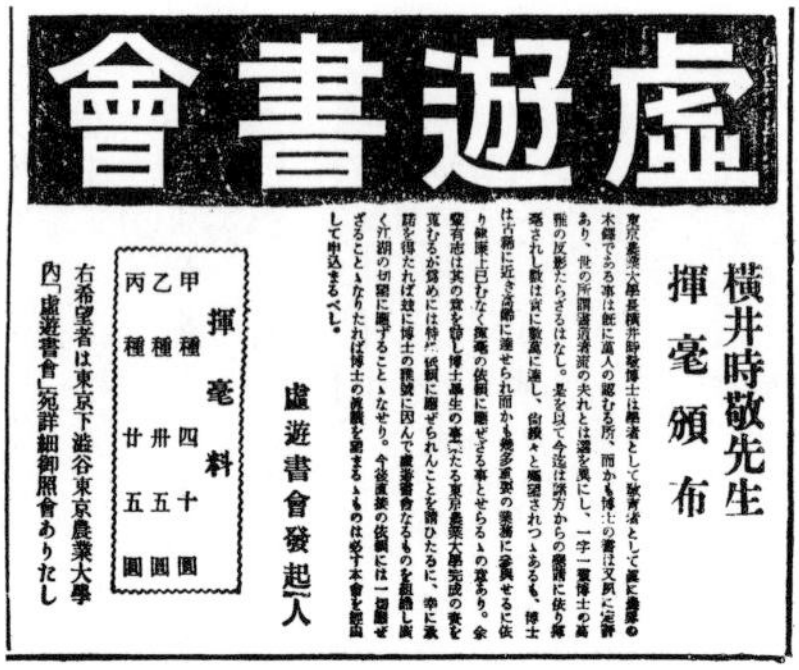

書家横井虚遊の揮毫は数万に達するといわれるが、大学昇格運動を期に、虚遊書会を組織し、以後この組織を通さない直接の依頼には、一切応じないことになった

やろうかということになったのですが、今と同じです。この時は、財団法人ということで、今は学校法人というのですけれど、当時は財団法人東京農業大学です。財団法人というのは、お金があってその基金で運用するわけです。たくさんの基金がなければ大学はできません。文部省は許可しません。基金はいくら位ないと大学は運用できませんよ、といっているわけです。五〇万円が不足だったのです。今でいうなら五〇億円位かもしれません。お金がたりなくて、大正八年には東京農大は残念ながら、明治や早稲田と一緒には、大学になれなかったのです。

それで、大運動を起こしました。募金運動を起こして、学生も卒業生も教職員も、横井先生も立派な書をたくさん書いて、その書を売って（**写真**）、資金をつくりました。五〇万円の基金をつくって、大正一四年にようやく大学令による東京農業大学になるわけです。正式の大学になる。その時は、日本全国どこにも農学関係の大学は一つもない。盛岡の高等農林学校と、鹿児島の高等農林学校は専門学校です。今、地方大学を出た人々には悪いのですが、みんな大学というけれど、戦前はみな専門学校とか高等農林学校で大学ではないのです。大学は東京農大一つしか私立大学ではなかった。それと、帝国大学の農学部しかなかったということです。

その時の大学令による大学になった時の目的は、

「本大学ハ農業ニ関スル学術ノ理論及応用ヲ教授シ並ニ其蘊奥ヲ攻究スルヲ以テ目的トス」。

本大学は農業に関するとありますね。

現在、新制大学である。第二次世界大戦後にできた新制大学に生まれかわった東京農業大学の目的はなにかというと、学則第二条で、

「本大学は、農学に関する学術の理論及び応用を教授し、有能な人材を養成すると共に農学に関する研究及び研究者の養成を以て目的とする。」

とうたっています。これが昭和二四年四月一日制定です。どこにも農業がなくなってしまったですね。そこに注目してください。

次に現在の東京農業大学学則の目的はなにかというと、

「本大学は、その伝統および私立大学の特性をいかしつつ、教育基本法の精神にのっとり、」次から、「生命科学、環境科学、情報科学などを含む農学及び生物産業学の理論及び応用を教授し、有能な人材を育成するとともに、前記の学術分野に関する研究及び研究者の養成をなすことを使命とする。」とある。

農学は農業の学、実学である

今、私は、東京農大の教育目的をずーっとならべてみて農学というものを考えてみようとしました。これをちょっと見てもらいましょう。つまり、こういう話が明治のはじめに農学は、農の学問なりや農業の学問なりや、こういう議論をしたことがあるのです。ここには東京農業大学成人学校の人もいらっしゃるのでお話いたしますけれども、農学は農の学問なりや、その農とはどういうことかといいますと、これは、お花をよくつくるとか、盆栽をうまくつくるとか、野菜をうまくつくるっていうのは、これは農だ。もっといえば、栽培学とか、作物学とかになるのかもしれませんね。

ところが、農学は、そういう農の学なのか、農業の学なのか、とこういうことで論争があり、いろいろな農業の歴史を調べ、農学の歴史を調べてみると、はっきりと農学というのは、農業の学です。農業の学というのは、なにかといいますと、単に米の反収をたくさんとるとかそういうことではないんです。最終的には、農業をやる農民が経済的にきちんと自立し、立派な農業経営をするための学問です。そういう立派な農業経営をするためには、もちろん、栽培学でも、肥料学でも、土壌学でもなんでも知らなくてはだめです。だめなんですけれども、そういう農業のあるいは農民に役立つ学問が農学なんですよ、といっているんです。これは横井先生の言葉なのですが、「稲のことは稲にきけ、農業のことは農民にきけ」、といっているんです。

学生諸君に失礼になるかもしれませんけれども、稲の根っこを一生懸命研究する、あるいは、一粒の株から、何株分かれてくるとか、稲の生理はどうだとか、肥料の成分はどうだとか、そういうことも、これは農学だ。確かに農学の一部ではあるけれども、農学の最終目的は、農民に役立つ、農業経営を発展させる学問でなければ、農学などではありませんよ、ということなのです。横井先生がはっきりとそういうことをいっています。

ドイツのアルベリヒト・テイヤーという先生が、合理的農業の原理ということを書いたのが、世界における農学を体系化した初めての本だといわれています。またテイヤーは、持続的な農業により純収益をあげることが農学だといっています。つまり農業とは持続的なものであり、投機的にもうけるのではありません。

それから、横井先生はヨーロッパに一年間留学し、ゴルツという先生につきました。横井先生は農業教育のことで留学したのですけれど、ゴルツもそういっているんです。そこで、農学というものは、そもそも農、対象は農業（畜産を含む）です。あるいは醸造学というのはなんだというと醸造業なんだ。林学はなんだっていったら林業だったんです。必ずそういうふうな事をするためには栽培技術など、技術のことを知らなければなりません。技術と経済とが合いまって農学というのがあるのです。それで、最終の目標は、そこですよ、といっているのです。

私は今日、ここのところを強調しておきたいのです。強調したいのはこういうことなのです。我々ここ東京農大で一万人を超える学生の皆さんが農学を勉強していますが、農学の、本当の目的というのは、どんなところにあるのかということです。そういう産業と学問、産業を支える学問、つまり、農学はそういう応用科学だというわけです。物理とか化学とか生物学のように純粋科学ではなくて、応用科学ですよということなんです。それで、しかも、実際に農業に役立つ、そういう学問でなければだめですよ。そういう役立つものが、実学ですよといっているわけです。そういうふうな総合科学が、農学だということです。

学問の進歩とは

ところが、そういうことですけれども、このことに必ずしも意見が一致しているわけではなくて、先程、冒頭でいったように、現在の日本学術会議でも農学とは何ぞやといっているのですが、それはあまりにも、専門が分化しすぎたわけです。専門が分化して分化してどんどんデシプリンが多くなってしまった。学問の進歩とは、何ぞやということは、専門が細分化して深くなっていくことだった。深くなってきて、よく専門バカという言葉があるけれど、本当に自分の専門だけしか知らない。東京農大の先生方でもそうかもしれません。自分の専門はよく知っているけれど、他のことは何にもわからない。僕なんかは、農業経済や農業経営のことは知っているけれども、他のことはあまり知らない。しかし、まだ他のことも知っているほうですね。栽培学とか栽培とか。農業経済の先生は技術学をやらなくては、農業経済を教える資格がないのではないかと思っています。

ところが、経済学プロパーをやってきたとか、地理学プロパーをやってきたということになると農業のことが分からない。そういう細切れの専門の専門を学生諸君は教わっているわけです。そうだけれども、この大学は東京農大で農学ということをやっているんですから、農学をどう考えて自分の専門と、どう関わり合いがあるか考えなければいけないのです。

新渡戸稲造の農学の図

ちょっともう一度スライドを見せましょう。

これが困ったものなのですけれども、『稲のことは稲にきけ』の本の最後に、金沢夏樹先生が「横井時敬と新渡戸稲造」という章で書いています。新渡戸稲造（にとべいなぞう）は、五千円札の肖像で有名です。新渡戸は札幌農学校を出て、やはり横井先生と同じで、武士の子で、農学の勉強をされました。札幌農学校に入って、太平

新渡戸稲造の農学の図、「横井全集第3巻」

洋の橋にならんということで、バンクーバーで客死しました。今の国連の前身の事務局長までやられた国際人です。旧制の第一高等学校の校長もやられまして、東京大学の教授もされたのです。横井先生と一歳違いですけれども、その新渡戸が考えた農学の図（図）なんです。

農学と書いて下の方が、数学、経済学、農政学、法学、森林学、植物学、水産学、動物学及び獣医学、地質学、化学、物理学、気象学とあります。もっともっとあってもいいんですけれども。彼の考えた農学というのは、こういうふうな学問の統合化したものが農学である。こういう考え方をしているのです。これは、今でも農学者の間では、こういう考え方をしている人が非常に多いんです。

ところが、農学というのはそういうふうに、横井先生は先ほどからいっているように、単なる細分化されたデシプリンの統合としての農学ではない。「稲のことは稲にきけ、農業のことは農民にきけ」ということは単に稲の根っこだとか、稲の生理だとか、稲の葉っぱだとか、稲の米粒がいくらあるのかではなくて、稲そのものを理解する、というこ とから、「農業のことは農民にきけ」というふうに、農業をやっているのは農民なのだから、農民にきいてみなさいということです。つまり、ここは、難しいですけれども、統合化されたものを、それをそのままとして、地球なら地球というものをそのまま見る。環境なら環境、自然なら自然というものをそのまま見る。そういう認識のしかたが、大事なのだ。

分かりますか。その稲の部分部分を知る。その専門で知ることはできるけれども、稲そのものは何ぞや。人間もそうです。目があり、手があり、足があり、そういう部分部分から成り立っているけれども、その部分部分を分解すると、人間というものはこういうものだというふうになる。そういう見方と、人間という、そのものを見て、人間というものを理解しようとする。横井先生の方は、農業そのものを見よう、そしてそこから何かを科学的なものを見出してやろうという考え方なのです。部分部分からいって全体を見ようとするのか。自然そのもの、あるものをそのものを全体としてどう認識するのか、ここです。ここのところの違いがあるんだということで、現在、議論しているのは、そういうことを議論している。どの学問でもそういうことを議論しているのです。

農学の再構築――パラダイムの転換――

例えば、私は日本学術会議の第六部で、隣りの第七部が医学、医学部です。医学部の代表の先生に聞いてみたところ、こういっていました。農学も今は、農業を一生懸命やって、近代農学といってやってきたけれども、土は汚染する。水は汚染する。自然は破壊する。農業は自然にやさしいどころか、自然を破壊する。このままの農業をやっていては土地も死んでしまう。パラダイムの転換で、新しい発想で、新しい考えで農学を再構築しなくてはいけないと話をしました。

ところが、医学の先生が、私共でもそうなんですよという。今まで医学というのは何を目的にしてきたかというと、どうやって病気から人間を長生きさせるかということばかり考えていたそうです。だけどそんなことじゃ、二十一世紀はだめです。どうやって楽しく生きるかというクオリティ・オブ・ライフを医学の目的に転換し

榎本武揚夫人

なくてはいけないと、そういうふうに医学は考えている。
そんなことで、全体が日本学術会議全体で考えているんですが、社会科学とか経済学だとか、あるいは医学とか、理学とか、農学とか、いわないで、もう一度学問をくみたて直してみよう。あるいは、地球、環境科学では、地球そのものを理解しようと、こういうふうな発想の転換をしようじゃないかという議論が進んでいると、こういうことです。(**注**「農学分野におけるパラダイムの転換と研究評価」松田藤四郎、『学術研究の動向と大学』鳥居泰彦編　財団法人大学基準協会刊)
ですから、学問は、細分化されて、それぞれの専門は細かくなっているけれども、やはり、統合という言葉がいいのか、総合がいいのか、そういうことが非常に大切である。特に、農学はここが大切である。それと、さっきもありましたように、従来の農学に加えて、今は、生命科学とか、環境科学とか、情報科学とかを農学に結びつけないと、農学そのもの、農学全体、農業それ自体ができない、というふうにして、それでこの大学も新しい農学を目指して、再構築をしていこうというふうに考えている。

次のスライドありますか。これは、明治の貴婦人、誰だかわかりますか。榎本武揚夫人です（**写真**）。

横井先生の考え方は、分かったと思うのですが、横井先生は、この大学を大変熱心に育ててくださったわけです。そして、東大の教授をずっと定年までやられていたわけなのですが、今ではこういうことはできないんですけれど、東大の教授をしながら、東京農大の学長をやり、大学になる前は、校長をやったり、教頭をやったりして、そんなことができたというわけです。これは、明治の中頃に国立大学の先生が、私立大学の講義をするときには許可を受けること、こういう通達がありまして、できることにはなっているのです。なぜ、小さな私立の簡易農業学校程度の農学校から大学にまで育ててきたというのでしょうか。これは、東大の学生は、役人になってしまったり、試験場の技師になったり、先生になったりして、農業につく者は、ほとんどいない、ということで東京農大にそれを求めたのです。

日本の農業を良くするためには、農業者が、立派な農業者がでなければ、日本の農業は良くならない。農民教育が一番大事なんだ。農村にかえって、そして農村のリーダーになり、農業者として立派なことをして頂くことが、日本の農村、農業が良くなることなわけです。そういうことを国立に求めても駄目だ、私立に求めよう、ということで、この大学にそれを期待したわけです。だから、「人物を畑に還す」ということは、東京農大の建学の理想なのです。「人物を畑に還す」ということは、卒業した人達は、地方に帰って、地方のために、一生懸命がんばりなさいということです。

それから、教育の理想は実学主義です。空理空論では駄目だ。横井先生の塩水選種法ではないですけれど、実際にやっていることから学びとって新しいものを発見しなさい。こういうことなんです。そういうふうにして、地方を良くしよう、農業を良くしていこう、ということです。

あくまでも農民の見方で農学をやろうとこういうふうなことで、東京農大生に期待したわけなのです。

だから、現在、全国に今、専業農家だけでも、五〇〇〇名の卒業生がいて、がんばってくれております。私は、日本の農業、いい農民は少数でやってくれればいいと思っておりますけれども、願いはそういうところにあります。

注

「農学分野におけるパラダイムの転換と研究評価」　松田藤四郎、『学術研究の動向と大学』　鳥居泰彦編　財団法人大学基準協会刊

一　研究評価の今日的視点

（略）

二　農学におけるパラダイムの転換

近代農学の父といわれるのは、ベルリンの大学の教授もしたアルプレヒト・テーア（一七五二～一八二八年）である。彼の全四巻からなる著書「合理的農業の原理」（一八〇九～一八一二年）が、科学としての近代農学の出発点になっている。農学研究の対象は農業であり、当時のヨーロッパ農業は畑作物（主として麦類）と役畜、用畜としての家畜であった。家畜とくに牛は地力維持に必要な厩肥の供給源として、また耕作などの生産手段として、さらに食肉として重要な位置を占め「家畜なくして農業なし」といわれていた。このような作物と家畜の生産力を増大する科学的な生産技術学と、それをとおして持続的な農場の純収益を図る農業経営学とをもって農学の体系とされた。その後、工業を中心とする産業の高度化は、商業的農業を発展させた。畜産物の需要の増大に対して畜産業が発達すると畜産学が、同様に園芸農産物の需要増に対応して園芸学が、用材の需要増に対して林学が、アルコール類の需要増による醸造業の発達が醸造学を、また都市緑化などに対する造園業成立に対して造園学が、その他に、化学肥料や農薬の発明によって農芸化学が、圃場の整備や土地改良、農業施設、農業機械を対象に農業工学が、国民の経済学との関わり

で農政学や農業経済学といった社会科学が、次々に農学分野の独立学として成立した。農学は生物学、化学、物理学、経済学などを基礎に動植物生理学、育種、遺伝学、土壌学、肥料学、動植物保護学、農薬学、林産化学、発酵学、動植物栄養学、農村社会学、農村計画学、農政学、農業経済学、農業経営学など多岐にわたって分化し、前述したように日本学術会議の研連参加の学会だけでも一四五にもなっているが、さらにそれらの研究学会を含めると、その数は二〜三倍にもなろう。

当初のテーア時代の農学を狭義の農学とすれば、今日の農学はアグリビジネスを含め広義の農学へと変貌した。しかも生産者から消費者の生活、健康にいたるまで、生物及びその生産物を通して深く係わりをもってきている。従って、今日の農学は第一次産業に属する分野、第二次、第三次産業に属する分野まで範囲が広い。それぞれの産業に関する農学は、いずれも今日少なからぬ問題を抱えている。とくに第一次産業に係わる農学は、大きな課題に直面している。その課題が第二次、第三次産業に属する農学に関連している。

農業生産に関連する農学は、近代農学が成立して以来、凄まじい発展を遂げた。近代農学が成立した頃の世界の人口は約一〇億人(一八三〇年頃)であった。それが二〇億人になるのに一〇〇年間、次の三〇億人になるのに三〇年間、四〇億人になるのに一五年間、五〇億人になるのに一二年間、一九九六年に五八億人になった。このような人口の増加の背景には、世界の人口を賄う高い生産性を実現した食糧の供給があったからであり、それを支えたのが、近代農学の発展であった。生産力重視、効率主義を一貫して追求してきた近代農学が、ここに来て大きな課題を背負うことになったのは、環境負荷の問題であり、食品の安全性の問題である。

単品生産による専作化、化学肥料の多投、各種の農薬投入、地下水利用の畑地灌漑、家畜の過放牧などは、農地の土壌を荒廃させ、水質源の汚染、熱帯雨林の減少などに拍車をかけ、地球レベルの環境問題を惹起している。また、生産過程におよびポストハーベストにおける農産物への農薬利用は食品の安全性、環境ホルモンなど人間の健康にまで影響が懸念されるようになった。かくして、現在の農業は、従来の生産性重視、効率主義一辺倒の農業から環境と調和し、環境との共生を図る農業に転換せざるをえないところまで追い込まれている。アメリカの代替農業、サスティナブル・アグリカルチャー、ヨーロッパの粗放的農業、日本の環境保全型農業といった政策目標は、かかる現代農業の課題に対応するものである。

しかし、それに対応する新しい農学は、いまだ緒についたばかりである。一方、先端科学としてのバイオサイエンスの農学分野の発展は目覚しく、クローン生物、キメラ動物などDNA農学の発展が二一世紀には開花が予想されている。いずれにしろ、現代農学はDNA農学を含め農業生産のあり方を根本的に見直す時期にきている。第十六期日本学術会議第三常置委員会(学術の動向の現状分析及び学術の発展と長期的動向に関すること)では知の統合と学術におけるパラダイムの転換を課題として検討し、報告書として「学術の動向とパラダイムの転換」を公表した。その中には著者等による「農学におけるパラダイムの転換」が掲載されている。また同期第六部(農学)では「二十一世紀へ向けての新しい農学の展開」が報告されている。

農学は実学といわれるが、日本の農学が、独創的高水準の研究をとおして、世界の食糧問題、環境問題の解決に貢献するためには農学分野の学会誌掲載論文が、農学におけるパラダイムシフトに応えるような水準になっているか、それらの吟味なくして、単なる論分数をもって個人研究評価とすることには問題があるといえよう。

三　学内における研究支援システムの充実

パラダイムの転換期にあって、大学教員の研究を活性化し、高水準の研究を発展させるためにはどうしても大学内部の組織改革を伴う研究支援システムの充実が必

要になる。この問題は本書の構成からすると、ここで取上げる問題ではないので、深く触れることは避けたいが、要約すると、

(一) 大学院の充実
(二) 大学における研究所の役割強化
(三) 産・官・学共同研究の推進
(四) 学内プロジェクト研究の充実など人的・物的、資金的、制度的な面における研究環境条件

を整備することである。そのような研究環境の整備状況がどうなっているかの中で、教員の研究評価を考えるべきである。

そういった点からからすると、大学基準協会の大学評価における「大学基礎データ調書」は大学の総合的評価には適しているが、研究評価の視点からみると充分とはいえない。例えば研究用の設備、備品、図書などが、農学のパラダイムの転換の中で、どのような内容の分析機器や専門書が入っているか、プロジェクト研究の組織や中身がどうなっているか、講座や研究室の運営方法はどうなのかなど深く知りたい面がある。そのためには、専門分科会における実地調査が不可欠のように思われる。実地調査は単に研究評価ばかりでなく、総合評価の場合も予算が許せば義務づけた方が、評価を受ける大学にとってもよいのではなかいかと思われる。

それはともかくとして、もう一つ農学のパラダイムの転換に関連して、個人あるいは研究者集団の研究評価で問題になるのは、研究の範疇に関わることである。一般に研究は自然科学の場合、基礎研究と応用研究とに分けられる。ただし、第十六期日本学術会議で、伊藤正男会長が、従来の基礎研究と応用研究の中間に「戦略的研究」なる研究範疇を英国等の例から我が国でも大事だと提案された。しかし、この提案は学術会議全体の総意を得るまでには至らなかった。ともかく二範疇にしろ、

三範疇にしろ、それぞれの立場からの研究を尊重し評価することが大切である。とくに、農学は実学といわれてきたためか、農学と関係のなさそうな基礎研究を軽視する傾向があった。しかし、農学のパラダイムの転換の中で、これからはいままで農業に有用でなかった生物資源が脚光を浴びる場合も出てこよう。農学は総合学である。細分化した各分野の専門は、総合化が目指す目標に向かって、それぞれが位置づけをおこなって研究すれば、研究水準の高度化、研究評価の客観化がいっそう進むものと思われる。

農学におけるパラダイムの転換にあたって、大事なことは、大学内部の研究支援システムを充実すること、個人あるいは各専門家集団は総合化の目標に向かって、それぞれの位置を明確に意識することの他に、いま一つ研究評価にとって触れなければならない問題として、教員の流動化の問題がある。教員の任期制の導入は、それを促進するものであるが、実行は容易ではなさそうである。しかし、世界的水準の研究を目指すためには、時間的余裕はない。パラダイムシフトを促進するためには、若い研究者およびその集団の形成が不可欠である。大学・大学院における教員の流動化が急がれる。

学生たちに求めたもの

そして、教育の方で、横井先生はどんな人間像を東京農大生に求めたか、こういうことです。私は、教育者としての横井先生のことを『稲のことは稲にきけ』の「農業教育への情熱」の中で書いています。この中に東京農大農友会や応援団の人がいたら、ぜひ読んでいただきたい。その人たちばかりじゃないですけれども、ぜひ読んでもらいたいと思うのを一節設けまして、「農大精神の高揚」というようなことを書いてあります。その前に、「横井時敬の農学教育思想」が書いてあります。どんな人物像を農大生に求めたか。これは二つ挙げました。先程、質実剛健、自彊不息の話をしました。

それから、今、若い人はどう思われるか分かりませんが、武士道なんです。榎本武揚と横井時敬が、どこで、どんなふうに会ったのか、もう一人校長の伊庭想太郎という剣道の達人がおります。そういうのは全部、これは武士道なんです。武士、武士道を非常に重んじた人たちです。だから、武士道の神髄というものは、これもよく多くの人によって理解も様々だと思います。武士道は死ぬこととみつけたり、などという葉隠の精神なんてありますけれども、やはり、実直の精神、自重の精神とか、忍耐の精神、勇気とか、それから、お互いを助け合う、という精神だとか、そういうことがあります。それから、散り際をきれいにするとか、やせ我慢とか、いろいろな言葉が武士道にはあります。

けれども、そういう質実剛健は尚武の精神です。ひとつの武士道という一線があるということです。どちらかというと、東京農大は女子学生が多くなってきたことで、女子学生も、男よりたくましいので横井先生は喜んでおられるかもしれません。やはりそういうふうなしっかりした考えをもって、奢ることなく、ということです。

もうひとつは、自治の精神、これは村に帰ったりしたときに、そういう精神がなければ、ひとつの社会を発展させることはできない、ということです。東京農大生には自治の精神と武士道の精神、これを期待したのです。だから学生自治会などでも大切にしたのです。武士道の考え方になって、己を磨く。そして、自治の精神をちゃんとわきまえる。こういうふうなことが東京農大生に求められていたというふうに私は理解しています。だから、東京農業大学農友会や応援団はそういう精神をくんでいるというふうに理解しています。大いにそういう人たちが村へ帰って、村を良くしていってもらいたいというふうに願っています。今日、東京農大生はたくさんおりますから、なにも全員が村に帰るというわけではないんですけれども、こういうことだと思うのです。

私は、農水省の『農林水産図書資料月報』に、何か書いてほしいといわれたので、ついそういうことで「村づくりの原点を想う」（**注**）を書いたのです。

注　「村づくりの原点を想う」　松田藤四郎
（『農林水産図書資料月報』一九九六年五月号）

昨年夏、一〇年ぶりにブラジルのサンパウロ市を訪れた。日伯修好百周年の記念の年で、多彩なイベントが催されており、その一環として私の記念講演もあった。講演後アマゾン下流地域の卒業生の農場や農村地帯を視察した。アマゾンの農業・農村は疲れてみえた。農村ばかりでなくサンパウロ市も都市問題で悩んでいた。サンパウロ市の人口は、一九七〇年には五七〇万人だったが、一九九一年には一、〇〇〇万人に増加している。人口増加のスピードにインフラの整備や治安が追いつかず、スラム街の拡大、犯罪の激増、自動車の排気ガスによる酸性雨の被害、生活用水の垂れ流しによるサンパウロ川の汚染など大都市の弊害が目白押しである。

都市の環境問題はなにもサンパウロ市だけではない。現在人類の約半分は都市に住んでいる。この傾向は今後もますます高まり、今世紀末（といってもすぐだが）には中南米では人口の七五％、アフリカで四二％、アジアで三七％が都市人口になると国連人口活動基金（UNFPA）は予測している。先進国、途上国を問わず都市は巨大化の一途を辿っているが、開発途上国の都市問題は、先進国に比べ深刻である。

ヨーロッパの都市計画の理念には、ハワード（一八五〇〜一九二八）に代表される職住一体の共同体による田園都市構想がある。これは田園をとりこんだ都市計画で、横浜の港北ニュータウンなどはその理念を日本的に生かそうと努力している例である。

人間は自然との共生なくして生活できない。都市のなかで人間らしい生活をするためには自然や農林業と一体的な緑の田園都市の形成が望ましい。自然を排除した人工都市は、人間性を失い人類の滅亡につながりかねない。先進国、途上国を問わず田園都市理念は大事にしたいものである。

ところで、都市問題は農村問題と表裏の関係にある。農業、農村問題が都市計画を生み出しているともいえる。農業の衰退、農村の活力低下が、都市への人口集中を生じさせ、都市問題を大きくしている。健全な農村社会の育成が大切なのである。

いまから九〇年前の明治四〇年に、明治農学の始祖といわれる横井時敬が『小説模範町村』を読売新聞社から発刊した。横井時敬が亡くなってから今年で七〇年になるので、彼を知る人は少なくなったが、塩水選種法の発明、『小農に関する研究』など作物学者、農業経済学者として、明治農学を支えた第一人者で、また、東京農業大学の初代学長であった。

『小説模範町村』は、学者横井の唯一の小説である。横井は小説をとおして理想の農村像を提示した。都市が田園都市を理想としたのに対し、彼のそれは、農村の自治をとおして、農村を都市的田園にすることであった。「農村の自治」と「都市的田園」が新しい村づくりの彼のキーワードであった。小説はこのキーワードを底流に、医学士小田春雄の模範町村豊坂村における見聞録として展開する。その農村自治の人的物的背景には、農業の発展と自立的農民の存在がある。豊坂村は、稲野村長の四〇年間にわたる指導のもとで模範町村になるのだが、豊坂村は土地基盤整備を完備したうえで、米麦と畜産、園芸、養蚕を組み合わせた複合経営、さらに冬期のいろいろな副業を取り入れた多角経営による自立経営が発展している。新技術の導入、共同施設など斬新な方法が取り入れられている。豊坂村には村の水力発電所、上水道があり、都市の文化的機能を網羅した公会堂がある。東京の町の一角がそのまま移ってきた感があり、都市と同じ文化的生活ができる。

九〇年前の横井の村づくりの思想が、いまでも新鮮に感じられてならない。

世界中で、都市が巨大化していって、どこの農村でも農村が荒れている。ブラジルのアマゾンに行っても、アマゾンの農業も農民も荒れ、農村も荒れている。アメリカの農村に行っても、土は駄目になる。つぶれた農家があっちこっちにある。どこへ行っても、農業は衰退し、農村は荒れています。

それで、都市へ都市へと人口が集中している現在でも、世界の人口の半分は都市にいる。二十一世紀には、人口の七五%は都市に集中するであろうといわれているわけです。そして、途上国の都市のインフラは、何も進んでいない。都市の公害は益々多くなる。これは、結局は都市と農村との距離に関係があるわけです。やはり、今の日本は、管理社会ですから、農村といわなくていい。地域が良くならなければ、それは、国全体も良くならないし、下手をやりますと人類は都市のために滅亡する

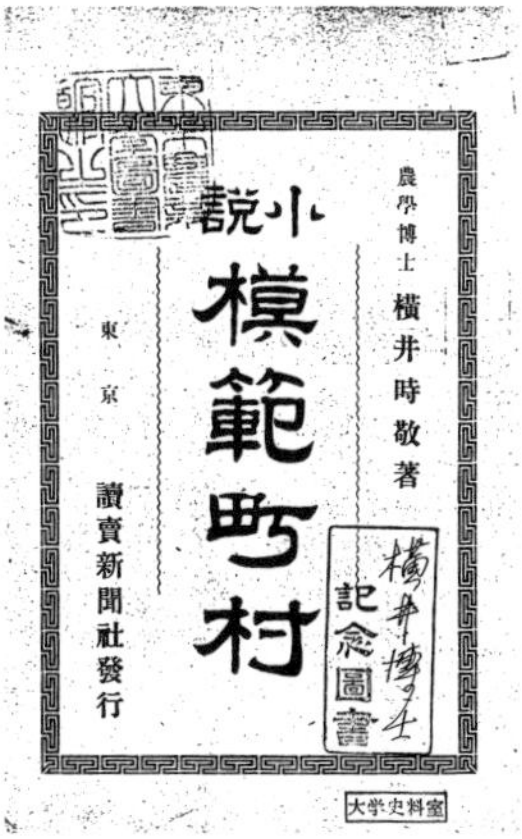

「小説模範町村」明治40年版

かもしれない。それほど、都市というのは人間性に反しているところが非常に多い、ということです。人間性らしい、中立な都市をつくることになれば、どれだけ金が必要かわからない。やはり、地域を大切にして、地域を良くしていくというのが、これからの世界にとって大変大事なことだと思います。それで、地域を良くすることというのは、農業だけではだめなのですね。農業も工業も商業もバランス良く発展するような地域でなければいけない、というふうなことですね。本当の地域作りというものを、どういうふうに考えていったら良いかということを、それを考えるべきだ。あんまり専門化になって、工業は工業、行政が縦割りですから、縦割りのことしかやらないですけれども、そんなことで地域は良くはならないのではないかと思うのです。

横井先生は、もう一〇〇年以上も前に『小説模範町村』（**写真**　明治四〇年一〇月　読売新聞社刊）という、ただひとつの小説を書いています。学者は、あまりロマンなんて書けないから、小説だといろいろなロマンが書けるのです。横井先生は一〇〇年前にどんなことをいわれたかといいますと、都市づくりの考え方にはイギリスのハワードの食住一帯の田園都市構想という、そういう町づくりの構想があるわけです。横浜の港北ニュータウンなどもそういう考え方で作ったのかもしれません。とにかく、都市の中に田園を残そうという思想です。

どうやって都市を作ろうかというときに、そういう考え方があるわけです。ところが、横井先生は九〇年前、違う発想をしたのです。田園に都市を作ろうとした。田園都市をつくるのではなくて、都市的田園を作ろう、村に都市をもってこようではないか、ということは、村の中に東京と同じような文化的、社会的な、そういう機能を全部もってこようじゃないか。そうしたら、村から若い人たちは都会に行かなくて済むのではないか、行かなくなるのではないか。村に文化と、地域に文化という社会的な都市のインフラを整備しようではないか。こういうふうな考え方を一〇〇年ほど前にいわれたのです。地域を良くするためには、そういうふうにしていこうじゃないかという。田園都市ではなくて、都市的田園という、そういう発想をしたのです。そして、農業をその中で、当時は農村でしたから、農業以外なかったから、その農村を良くするためには何か、ということで基盤整備は大事だというようなことと、技術革新が大事だということと、共同の精神が大事だというようなことと、そういう経営革新をしていかなければいけないということを、今、我々がいっている、同じことを明治時代にいわれているということです。

学問の方は、これでよいのですけれど、地域作りということは、ぜひ、横井先生がいわれているような、あの都市的田園作り、地域を良くする、どうやったら地域が良くなるかということをみんなで考えたいものです。ひとつ東京農大生としては、そういうことを考えればいいのではないかと思います。

今日は、農学の話ということでしたけれども、この話が半分とんで、なにせ横井先生の話から榎本先生の話から、いろいろな話に及んでしまいました。だいたいこのようなところで終わらせていただきたいと思います。まだまだお話したいことがたくさんありますが、しめくくりもできませんでしたけれど、この辺で終わりにさせて頂きます。

どうも、ご静聴ありがとうございました。

農業教育への情熱

一　東京農業大学育ての親

横井時敬の農業教育思想は、明治期の農業教育制度の確立及び農業教育の内容に大きな影響を与えた。横井時敬の高弟佐藤寛次は、横井時敬を近代農業教育の祖と評価している。横井時敬は終生農業教育に情熱を傾注した。その情熱は学校教育に止まらず、広く農業の社会教育にまでおよんだ。彼は官学の農業教育に飽き足らず、その農業教育思想の実践を、学校教育では東京農業大学に求めた。また、社会教育では大日本農会を拠点に展開した。

横井時敬は東京農業大学の育ての親である。廃校寸前の簡易農学校程度の私立東京農学校を、大学令による財団法人東京農業大学にまで心血を注いで育てあげた。

横井は明治二十八年（一八九五）から亡くなる昭和二年（一九二七）まで、実に三十二年間にわたり東京農業大学を育てた。横井時敬の農業教育への情熱とその思想を東京農業大学をフィルターに触れたみたい。

育英黌農業科の誕生

東京農業大学は平成三年（一九九一）に創立百周年を迎えた。これは私立育英黌農業科が設立された明治二十四年（一八九一）から数えてのことである。東京農業大学の先祖は育英黌である。育英黌の生みの親は、旧幕臣榎本武揚である。育英黌の血が育ての親横井時敬にどう受け継がれ、今日に影響しているのか興味深い。

育英黌は普通科、商業科、農業科、海軍予備科の四科で発足した。設立の母体は徳川育英会である。徳川育英会は明治十八年（一八八五）に設立されている。会長は榎本武揚、幹事長には東京農学校の初代校長になる伊庭想太郎がなっている。明治維新により徳川幕府は崩壊し、天領四百万石から静岡藩七十万石に転落した。その時、藩主についてともに移住した幕臣の子弟に学費を貸与し、もっぱら子弟の教育にあたることを目的にして設立されたのが徳川育英会である。数年後、榎本は学資を貸与することよりむしろ、育英会自身が学校を創立すべきだと発案し、それが実って育英黌が設立された。なぜ校名を「徳川育英黌」とせず、単に「育英黌」としたのか釈然としない面もあるが、荒木治は、当事は薩長政治の全盛時代であり、徳川という名を冠することをはばかったのではないか。また、明治初年に徳川家が創立した「沼津兵学校」が、明治政府につぶされた轍を再び踏むまいとする深慮からではなかったかとしている。

それはともかく、育英黌の海軍予備科は沼津兵学校の流れをくむものである。育英黌の管理長は榎本武揚、黌長は永持明徳、教頭は真野肇であった。

永持明徳は、オランダ語、フランス語に通じ文久元年(一八六一)十二月、幕府の遣欧使節団の一員として福沢諭吉などとともに渡欧している。福沢諭吉は帰国後『西洋事情』を著し、世間の関心を高めた。永持明徳は、欧州の文明に感銘を受けたが、それよりナポレオン三世治下におけるフランス軍の砲兵科の充実に驚き、「戦勝の一因は実に砲隊の威力にあり」「砲術こそフランスの砲術に学ぶべきである」として、帰国後、フランス士官について砲術とフランス語をみっちり学び、当代随一の砲術家になった。彼は若冠二十三歳で幕府の大砲係頭取になり、鳥羽伏見の戦いで、後年日本大学の創立者山田顕義の長州奇兵隊と対戦した。敗れて後、沼津兵学校の教官になり、その後山田顕義の要請をことわりきれず、新政府陸軍の砲兵科教官として活躍し、明治二十一年（一八八八）砲兵中佐で退官した。

長持明徳が育英黌黌長になったのは陸軍退官後であるが、育英黌に海軍予備科が設けられた背景には、かつての幕府海軍副総裁榎本武揚、砲兵教官永持明徳の強い意思があったからだと思われる。なお、永持明徳は後年東京市会議員になっている。育英黌教頭の真野肇は旧幕臣であり、沼津兵学校の第二回卒業生で永持明徳の教え子である。

育英黌は明治二十四年三月に東京市の許可を受けて設立された。場所は現在のJR飯田橋駅構内で、現在の駅東口に東京農業大学発祥の地の碑が建っている。当時の地名は麹町区飯田河岸第四号の三番地である。ここは神田川河岸で、江戸城に近く、この界隈は幕府の料理人の住む屋敷地で、徳川家縁りの地である。

さて、折角船出した育英黌であったが、思うように生徒は集まらなかった。農業科に四十名近くの生徒が入学したのみであった。海軍予備科には政府の圧力があったのではないかともいわれているが定かではない。また、普通科、商業科はようやく整備されてきた公立の学校に押されたためといわれている。

生徒がいないのでは私学は成り立たない。普通科、商業科、海軍予備科は間もなく廃止され、農業科のみが残った。黌長永持明徳は、海軍予備科に夢を託したが果たせず、一年半後の明治二十五年十月に黌長を辞任した。このとき校名を育英黌分黌農業科と改め、黌主に榎本武揚、黌長に伊庭想太郎がなった。そのきっかけになったのが校舎の移転問題である。

当時甲武鉄道(現在のJR中央線)は新宿―飯田橋間の開通工事を着工することになり、育英黌の敷地が飯田橋駅の敷地に予定された。たまたま農場実習地がなかったので、立ち退き料を貰って移転することとなった。立ち退き料は四千円であった。ちなみに明治二十五年の卸売米価は一五〇kg当たり七・二四円であった。移転先は小石川区大塚窪町二五番地(現在の大塚三丁目、旧東京教育大学地)で、面積は一・三四ha、内農地が一・二八ha、宅地が一八〇坪であった。この土地は借地で、永持明徳が尽力した。ここに藁葺木造平屋一棟(一二七・二四㎡)の校舎を建てた。寺子屋に毛の生えた程度の建物であった。

大塚窪町に移転した翌年の明治二十六年五月に、校名を古めかしい育英黌分黌農業科から近代的な東京農学校に改めた。育英黌が農業科のみで本校がなく、分黌の意味がなくなったこと、それに徳川育英会から独立することになったのを受けてのことである。榎本武揚が徳川育英会から正式に東京農学校の譲渡を受けるのは明治二十七年十月十五日のことである。恐らく徳川育英会にとって、東京農学校は経済的に負担が大きく、また旧幕臣の子弟の入学が少なく、そのメリットが小さかったためであろう。

育英黌農業科は修業年限二年で、農業補修学校程度のものであった。校名変更後の明治二十六年七月に第一回卒業式を行った。卒業者は入学時から随分減り十八名であった。

東京農学校に改名してから学制を整備し、修業年限を三年に、生徒の入学資格を尋常高等小学校卒業以上、年齢満十四歳以上とした。簡易農学校程度の学校である。ところで、徳川育英会によって設立された育英黌の人達は、当然のことながら旧幕臣の人達だった。

校長の伊庭想太郎は、幕府の講武所剣道師範役伊庭軍兵衛の八男で幕臣である。若冠十八歳で榎本武揚とともに函館に脱走し、函館五稜郭で奮戦している。伊庭想太郎は「押し通る」といわれたほど図太い利権政治家星亨を明治三十四年に斬殺したことから暗殺者のイメージが強いが、正義感の強い教養人でもあった。伊庭は中根淑に学問を教わった。伊庭は私塾「文友館」を開いたが、その門下生からは、東郷平八郎の副官で、海軍きっての文章家といわれた小笠原長生が出ている。また、伊庭想太郎は東京四谷区の教育委員であった。なお、東京農学校は大日本農会移管の明治三十年に辞任している。

ところで、東京農業大学の前身育英黌農業科の特徴として、徳川の純血性と札幌農学校の純血性を上げることができる。育英黌は榎本武揚、永持明徳、伊庭想太郎などによってつくられた徳川の「純血性」の高い学校だった。福沢諭吉は明治二十四年に、幕府瓦解のときの責任者でありながら、新政府に仕え、高位高官に上がっている勝海舟と榎本武揚を快く思わず「瘦我慢の説」を書いて、「二君に見え、栄達をきわめるのは武士の情を持たぬものである。よろしく富貴栄達を捨てて山間に引っ込み、瘦我慢を通すべきである」と痛論し、その書を勝と榎本に送って、回答を求めた。勝は回答したが榎本は沈黙した。榎本が明治政府に仕えたのは、一つには旧主徳川慶喜の存命が保証され、一応の処遇に安心したためと、「榎本を斬るならその前に、おれの首を斬れ」と丸坊主になって、榎本の助命に狂奔した黒田清隆の知遇に報いたためであるといわれている。榎本は「情誼」に厚い人であった。育英黌を創設した人達は、この武士道の「瘦我慢と情誼」を貫いた人々であった。

いま一つ、育英黌の性格を特徴づけたものにキリスト教の影響がある。育英黌農業科草創の頃、農学士の称号を持つ教員の全ては札幌農学校出身者であった。生徒の信望の厚かった河村九淵そして渡瀬寅次郎、荒川重秀、江間定次郎などである。そのなかでも渡瀬寅次郎は札幌農学校の第一回卒業生で、クラーク博士に直接に薫陶を受け、佐藤昌介や大島正健などとともにキリスト教徒として宣誓書に署名をした一人である。渡瀬寅次郎は幕臣であり、幕臣によって創立された東京農学校を第二の札幌農学校たらしむることではなかったかと荒木治は推測している。明治二十六年東京農学校に学校騒動が起きるが、キリスト教と無縁ではなかったようである。

しかし、東京農学校は第二の札幌農学校にはならなかった。その軌道修正は、東京農学校の教員が駒場農学校卒業生にとってかわったからである。その主役は横井時敬である。

横井時敬の登場

経営母体であった徳川育英会から独立した東京農学校の前途は厳しかった。東京農学校に改名した明治二十六年には、文部省の「実業補修学校規定」が公布され、翌年の明治二十七年には「簡易農学校規程」が公布されて、各地方に公立の農学校が設立された。東京農学校は簡易農学校に相当する農学校であったから各地の府県立、都立、村立の簡易農学校或いは農業補修学校と競合し、生徒の確保に苦労した。

校主榎本武揚は、当時文部大臣(明治二十二年)、外務大臣(明治二十四年)、農商務大臣(明治二十七年)などの要職がつづき、東京農学校の経営は、もっぱら校長伊庭想太郎の双肩にかかっていた。伊庭は粉骨砕身、悪戦苦闘しながら、東京農学校の維持に努めたが、状況は芳しくなかった。武士の商法といえばそれまでだが、諸学校との競合、デフレ経済の農村への影響など、東京農学校をめぐる社会環境は厳しかった。

それに加えて、明治二十六年には学校騒動が起きた。教務主任河村九淵(札幌農学校出身)の突然の辞職が発端である。河村は生徒の信望を一身に集めていたので、その留任運動は猛烈を極めた。辞任の原因が、明治二十五年四月に、専任教員に任用した河村の山梨県立農学校勤務中の教え子角田為若の、河村に対する私的関係による反逆だとわかり、生徒の矛先は角田の追放運動に発展した。このとき生徒の間に以前からくすぶっていた旧・新間の感情の対立が表面化した。旧新とは、第一回の入学生の入学時の差である。育英黌農業科の開校は明治二十四年三月であるが、このときは東京市内では毛色の変わった農学校だったので入学志願者は相当多かった。しかし、実習地一坪もなく、漸次退学者が出て生徒数が少なくなった。そこで、明治二十四年九月から二十五年一月まで補欠募集をした。この先に入った生徒と補欠募集で後から入った生徒との間がうまくいかなかった。その感情の衝突が角田をめぐり対立し、全員一致による追放にはならなかった。角田は結局辞職することになるが、この騒動を通して生徒による学校改革問題が持ち上がった。

この学校騒動後に、東京農学校は評議員制度を制定(明治二十八年四月)し、改革に乗り出した。評議員には横井時敬を始め駒場農学校出身者が委嘱された。以後、横井時敬を始め駒場農学校出身者が学制の改革、教員の充実の中心になっていく。札幌農学校出から駒場農学校出に大きく転換していった理由は定かではない。また、当時の生徒による学校改革の具体的要求の記録も見当たらない。しかし、東京農学校第二回卒業生の麦生富郎(明治二十五年入学、明治二十八年卒)の学校騒動を含む思い出の手記には、「この頃は議会政治の初期であったため、藩閥という言葉が流行し、農学会を駒場閥、札幌閥に分かれて争いが絶えなかった。東京農学校はいわゆる札幌閥によって経営され、駒場出身の講師は人もいなかった」とある。生徒の間に札幌農学校出による教育内容とその陣容に不満があったとは、はっきり書いてないが、恐らく札幌農学校出の洋式大農論と、キリスト教思想を背景とする第二札幌農学校志向への不満が重なってのことではなかったかと想像される。

評議員制度の制定は東京農学校に一エポックを画した。それは育英黌農業科以来の徳川の純血性と札幌の純血性に佐幕と駒場の血を導入することになったからである。評議員会は重要な校務を審議する機関で、校生榎本武揚は駒場農学校出身の横井時敬、沢野淳、押川則吉、豊永真理、長岡宗好、札幌農学校出身の渡瀬寅次郎の六氏に評議員を委嘱した。実に評議員六名中、五名が駒場出身者であった。その後の教員管理職の移動は激しく、その年の四月には長岡宗好が教頭を退職し、駒場出身の本多岩次郎が後任になった。また教務主任も江間定治郎から駒場出身の山田登代太郎、九月には同じく駒場出身の小島銀吉に代わった。翌明治二十九年三月に、教頭本多岩次郎が評議員に委嘱され、後任に同じく駒場出身の小林房次郎が就任した。また、六月には教務主任の小島銀吉が退職し、駒場出身の草鹿砥寅二、佐々木祐太郎が相次いで就任している。

評議員が真っ先に提案したのが学制の整備である。修業年限は既に明治二十五年から本科三年になっていたが、入学資格を年齢満十四歳尋常高等小学校卒業以上、カリキュラムを整備して、その内容を高めた。これによって当時の簡易農学校制度のもとでは東京農学校は程度の高い唯一の私立農学校になった。明治二十九年四月、校長伊庭想太郎が小石川区長佐藤正興宛に提出した「東京農学校状況具申」に当時の状況が窺える。

東京農学校状況具申

本校ハ専門ニ農学ノ諸科即無機化学、物理、動物、植物、生理、鉱物、経済、農具、普通作物、畜産、園芸、算術等ヲ教授シ、傍ラ農学ノ実際ヲ熟習セシム故ニ学業時間ノ外本校ノ田圃ニ於テ生徒ヲシテ作業ヲ取ラシム

一　生徒ハ満三ケ年ヲ以テ本科卒業ノ期トス選科ハ其学科ニヨリ卒業年間ニ長短アリ本科一年生ハ弐拾四人、二年生ハ拾四人、三年生ハ拾人アリ選科生ハ現員八人トス

二　教員ハ農学士六人ヲ常ニ雇入シ、又実際上ノ作業ニハ老農一人ヲ雇使ス

三　本年七月ニ於テ本科卒業ノ者拾弐人選科弐人ヲ出ス右卒業生ノ中地方庁ニ雇ハレタル者アリ又ハ帰郷ノ上農業ノ実業ニ従事スル者アリ

四　本校試験田圃ニハ本邦並欧米各国ノ穀類野菜薬草桑樹等ヲ栽培ス

五　製茶養蚕等ハ其季節毎ニ専門ノ技師ノ教授ヲ以テ生徒ヲシテ之カ製造又ハ飼養ニ従事セシム

右ノ通状況及具申候也

東京市小石川区大塚窪町弐拾五番地

東京農学校長　伊　庭　想太郎

明治二十九年四月

小石川区長　佐　藤　正　興　殿

学制を改革し教育内容を高めたが、生徒数は増加しなかった。右の状況具申書にもあるように、明治二十九年の在学生総数は五十六人にすぎない。ちなみに、当時の卒業生数をみると、先に述べたように第一回の明治二十六年は十八名であったが、第二回の明治二十八年には十四名(内選科二名)、第三回の明治二十九年十四名(内選科四名)、第四回明治三十年九名(内選科二名)であった。なお明治二十七年は卒業生を出していない。それは明治二十五年にそれまでの修業年限二年を三年したからである。

独自で学校経営を行わねばならなかった私立東京農学校の経営は、この学生数ではやっていけず、資金的に行き詰まってきた。榎本の力をもってすれば、実業界からの資金援助を受けられたであろうが、榎本はそれをせず、将来の経営の見通しがたたないこともあって廃校を決意した。校長伊庭想太郎も万策尽きた。在校生は帝国大学乙科に移籍する案まで浮上した。

このときにあたって、東京農学校の評議員で、農業教育に最も熱心であった横井時敬が、廃校になるのを惜しみ、榎本武揚と伊庭想太郎を説得して、大日本農会附属東京農学校として存続することを提案した。このときから横井時敬は、直接東京農学校の経営に責任をもつことになった。横井時敬は、このとき三十六歳、帝国大学農科大学教授で新進気鋭の農学者であった。また、大日本農会常置議員会議長の職にあった。横井は常置議員会にこの案件をはかり、明治二十九年十二月十七日「今回、子爵榎本武揚から東京小石川区大塚窪町所在の東京農学校校舎並びに付属器具一切と、その経営を本会に寄附されたことにつき、本会はこれを附属東京農学校として事業を引き継ぐこと、及び右に関してその調査並びに処理に関し、沢野淳、渡辺朔、小林房次郎、渡瀬寅次郎、横井時敬の五氏を委員に選挙し、附属東京農学校を経営する」ことを議決した。しかし、議決はすんなりいったわけではない。大日本農会の幹部には、資金の関係から附属東京農学校の経営に不安をもつ者も少なくなかったからである。横井時敬はそれらの人々に対し粘り強く説得し同意を得ていったといわれている。

かくして明治三十年一月十五日、大日本農会は附属東京農学校の職制を制定し、新しく大日本農会幹事小笠原金吾を本校の幹事に、横井時敬を教頭に任命した。翌一月十六日、榎本武揚は東京農学校の全部を大日本農会に移管する手続きを完了し、同年八月十八日、主務官庁から、校生榎本武揚の辞任、小笠原金吾の本校設立代表者に就任の許可があった。

横井時敬は、現職の農科大学教授という立場上、公式の校長に就任するわけにはいかず、教頭として全責任を負うことにしたといわれている。

東京農学校の設置母体である大日本農会は明治十四年に老農、駒場農学校卒業者、勧農官僚等の組織を合流して、農事改良研究普及を目的に設置された民間機関である。会は会員の会費によって運営されていたから、財政は決して豊かではなかった。附属校への支給は年五百円（当時の卸売米価は一五〇kg当たり十一円九八銭）という僅かなものであった。大日本農会に移管後、学制は次第に整えられていったが、生徒数は定員百名のところ七十五名を超えることはなかった。このような苦境にたっても、学校が存続しえたのは、農科大学の教職員が、殆ど無給で教育にあたり、横井時敬教頭を惜しみなく援助したからである。

東京農学校から東京農業大学へ

横井時敬は、明治三十年一月十五日の移管と同時に東京農学校の学制を改正し、校則を制定した。修業年限は三年とかわらなかったが、入学資格は、年齢満十六歳以上に引き上げられた。学科課程は基礎科目の他に農学の専門科目として作物学、畜産学、園芸学、森林学、養蚕論、工芸作物論、製茶論、土壌学、肥料論、植物栄養論、植物病理論、農産製造論、農業実習そして土地改良論、経済学、農業経済論と、まさに横井時敬が意図する農学の体系に沿って整備された。学期は二学期制とし、前学期は八月十一日から翌年二月十日まで、後学期は二月十一日から七月二十日までとした。教員は全て帝国大学農科大学教授が担当した。生徒定員は百名と定められたが、明治三十四年七月の校名変更までの間に常時七十五名を超えることはなく、毎年の卒業生数も二十五名を超えることがなかった。

なお、文部省は「実業学校令」を明治三十二年に公布した。ここに明治十九年制定の中学校令による中学校と実業学校の中等教育における二重構造、複線化が確立した。実業学校令に基づき、明治三十二年七月「農学校規程」が勅令第二十九号により制定され、農学校は甲種と乙種の二種がおかれることになった。この農学校規程の公布により、それまでの簡易農学規程は廃止され、農業教育は「実業補修学校規程」に基づく初等農業教育と「実業学校令」に基づく中等農業教育に体系化された。

明治三十年一月の東京農学校の学制整備は、既に実業学校令の内容に相当するものであったから、実業学校令制定以後は、公立の甲種農学校と同じ認定を受けた。ところで、東京農学校が大日本農会に移管され、ようやく、新体制が発足し、光明が見えたかに思えた矢先の明治三十年九月の夜、襲来した暴風雨によって大塚窪町の校舎が倒壊するという事件が起きた。授業はとりあえず近所の私立同和小学校の二階を借りて行われたが、再建をめぐり、その建築費用や交通の関係で、新しい土地への移転が検討された。

移転の候補地は渋谷村常盤松御料地である。御料地への移転にもっとも積極的だったのが、教頭横井時敬である。教員の殆とが駒場の農科大学教授だったから、駒場から近い渋谷常盤松に出講が便利だったためである。御料地の借用にあたっては、大日本農会幹事長富田鉄之助、小笠原金吾、横井時敬が榎本武揚、品川弥二郎に助力を仰いだ。榎本武揚はかつての皇居御造営副総裁であり、品川弥二郎は大日本農会の初代幹事長で、御料局長を勤めたことがあった。この二人の助力により御料地の一部を借用することに成功した。

さらに大日本農会参事池田謙蔵の努力で、馬場先門外三菱ケ原大審院付属人民控室一棟を五百円で払い下げてもらうことに成功した。新校舎、農夫舎、農具舎も新築され、倒壊一年後の明治三十一年十月九日、新築落成式兼移転式が盛大に行われ、以後、昭和二十年の終戦の年まで四十七年間、農大の渋谷常盤松時代が続くことになる。

渋谷に移転後は構内に実習地を整備したりして、徐々に農学校に相応しい形を整えていった。しかし、公立の農学校が各地に整備されるにつれ、生徒の確保が依然として課題であった。これも克服するには、地方の甲種学校より水準の高い農学校に育て上げることであった。横井時敬は教科目の体系化を図り、講義の質を高めることを基本にした。幸い教員は農科大学教授或いはその卒業生たちで、当時の一級の農学者達であったから、質には問題がなかった。

そこで、教頭横井時敬は、教務主任麻生慶次郎(明治三十二年、明治天皇より卒業式で恩賜の銀時計を授与された東京帝国大学農科大学の秀才、土壌学、肥料学の泰斗、当時、本校の講師）の意見を採用して、明治三十四年七月に校名を「大日本農会附属私立東京高等農学校」と「高等」を付加し、校則を改正した。このときは、まだ「専門学校令」が公布されておらず、実業学校令に基づく農学校ではあったが、甲種農学校より程度の高いもので、社会へのアピール性は高かった。学校経営の差別化戦略といってよい。修業年限は予科一年本科三年と定められた。入学資格は予科が年令満十四歳以上で、尋常高等小学校全科卒業もしくは之と同等の学力を有する者となり、本科は中学三年級修業以上もしくは之と同等の学力のある者となった。但し、甲種農学校卒業者は第二年級に無試験入学で入学を許可することとした。

予科、本科とは別に専攻科と選修科がおかれた。専攻科の在学期間は一年、本校卒業者で専門の専攻を欲する者に門戸を開放した。選修科は現在の科目履修生と同じで、希望する専門科目を科目として聴講する程度である。

また、この校則改正で注目される一つは、大日本農会会員及びその子弟に対する授業料減免措置が採られたことである。当時の授業料は一カ月予科生二円、本科生二円五十銭であったが、大日本農会の会員もしくはその子弟に限り、予科生一円五十銭、本科生二円とされた。大日本農会は全国組織であり、多くの地方の篤農家、精農家が会員に加わっていた。横井時敬の「人物を畑に還えす」の農業教育の理想が、ここに大日本農会の組織を媒介に一歩実現の方向に向かった。この校則制定時の生徒定員は百二十名であったが、在学生は概ね定数に達するようになった。ようやく学校経営が軌道に乗り始めた。

明治三十五年二月十五日、職制の一部を改正した。そのとき大日本農会との関係をさらに密接にするため、同年三月に同会幹事長田中労男を招聘して、校長とした。教頭横井時敬、教務主任麻生慶次郎、教師陣は殆とが東京帝国大学農科大学の教授又はその卒業生であった。「専門学校合」の公布は明治三十六年（一九〇三）三月である。横井時敬は早速専門学校令による高等農学校への昇格を意図した。既に大日本農会附属私立東京高等農学校は、内容の高い農学校であったから、同年八月には名称は変わらないが専門学校合による東京高等農学校として文部省から許可された。

専門学校令の許可を受けるために校則が改正された。学科目の体系は変わらなかったが、教員は充実した。許可以前は学科担任教員十七名、科外講師二十一名であったが、専門学校になってからは学科担当教員二十二名、科外講師二十名となっている。顔ぶれは当時のそうそうたる農学界の人達であった。この校則改正で予科が廃止され、本科と特別科に編成替えとなった。なおこの他に専攻科、選修科及び聴講科が置かれた。

本科及び特別科の修業年限は三カ年とされた。本科の入学資格は年齢満十七歳以上の男子で、中学校卒業者または専門学校入学者検定規定による検定合格者とされた。また特別科の入学者は甲種農学校卒業者とした。男子に限ったり甲種農学校出を特別科に入学させたり差別したように思われるが、当時は男女共学でなく、女子の教育は良妻賢母型教育が主流であった。横井時敬は農業における女子の役割を重視し、農学校教育とは別に女子教育には熱心であった。横井時敬は東京高等農学校を単なる甲種農学校卒業者の受け皿にはしたくなかった。横井の理想ま優秀な卒業生を農村にかえすことであったから、地方の中学校卒業者をも広く入学させようとしたのであり、一方農学校出も大事にしようと考えたからである。

大日本農会会員もしくはその子弟に対する授業料減免措置はここでも続けられている。なお、学期は一年とされ、それまでの七月二十一日の学期始めが四月一日に変更された。学生定員は従来の百二十名が百五十名になった。

その後東京高等農学校の経営は軌道に乗り、生徒定員は明治三十八年四月に二百名に、翌三十九年六月に三百名と増加した。

校長は東京農学校が大日本農会の経営に移るまでは伊庭想太郎だったが、大日本農会移管後は空席となり、教頭横井時敬が実質的な教学の責任者であった。なお、伊庭想太郎は、移管後に校長を辞任したが、その後大日本農会附属東京農学校の商議員に委嘱され、それは獄中で死亡した年の明治三十六年まで続いた。榎本、横井、伊庭は武士道という強い線で結ばれていた。それはともかく、長らく空席であった校長に大日本農会幹事長の田中芳男が明治三十五年三月に就任したことは前に述べたが、田中は明治四十年一月二十三日に校長の職を辞任した。同日、教頭横井時敬が校長に就任し、教頭にそれまで教頭代理であった吉川祐輝（後の東京農業大学第二代学長）が就任した。その前年の十二月二十六日に横井時敬は大日本農会副会頭を委嘱され、大日本農会運営の中枢を担う立場にいた。

翌明治四十一年二月十五日に、校名を大日本農会附属私立東京高等農学校から私立東京高等農学校と改称した。経営母体は大日本農会であり、教学内容も変わっていない。校名変更の理由は詳らかでない。

明治四十四年は東京高等農学校にとって一つの転換の年であった。横井時敬は前半は軍隊の農事講習の開催、後半は東京高等農学校から東京農業大学（専門学校令）に昇格する運動に忙殺されることになった。横井時敬は日露戦争前から軍隊での農事講習の必要性を提唱し、関係方面に働きかけていたが、なかなか取り上げられなかった。しかし、この年第一師団長閑院宮載仁親王から東京高等農学校に対して、農事講習の依頼があった。六月四日に開講式が行われ、授業は毎週日曜日に志願者に対して行われた。この農事講習は好評だったので、翌明治四十五年には近衛歩兵第二連隊、さらに大正二年には近衛歩兵第一連隊と第四連隊も加わり、日中戦争のため閉講となる昭和十二年まで続くことになる。全期間の農事講習生は述べ一四、二八六名に達したと記録されている。横井時敬のこの軍隊の農事講習は、イタリアやフランスの例にならったものだが、農民出の兵士に帰郷後の農民教育を軍隊時代に実践したなど、農本主義者横井時敬の面目躍如たるものがある。

明治四十四年夏頃から、東京高等農学校を大学に昇格させたいという機運が高まってきた。とりわけ大学の名称を望んだのは生徒であった。生徒たちは学生大会を開いて、その希望を直接横井校長にぶつけた。横井時敬は、在学期間の延長に伴う父兄負担の増大に伴う学生募集への影響と、在京が長くなると卒業後郷里に帰りたがらないことを危惧した。最初は消極的だったが、生徒の希望を入れ評議員会を招集して、大学昇格を決議した。

専門学校令が制定された明治三十六年当時、東京高等農学校はわが国唯一の私立の農業専門学校であったが、官立には盛岡高等農林学校、それに東京帝国大学農科大学実科及び農業教員養成所があった。しかし、その後明治四十四年までの間に、鹿児島高等農林学校(明治四十一年)、千葉県立園芸専門学校(明治四十二年)、上田蚕糸専門学校(明治四十三年)、北海道大学付属農林専門部(明治四十三年)などが設置され、これらとの住み分けが課題になりつつあった。そのためには、大学に昇格することも一案であった。

大学といっても、当時は帝国大学令しかなく、専門学校令のもとでの大学である。当時、慶応や早稲田も大学と称していたが、これらは専門学校令による大学である。日露戦争後、私立大学が多く設立され、文部省はその濫設を取り締まる方針だったので、東京高等農学校の大学昇格の申請はあっさり却下された。しかし、横井時敬は大日本農会会頭松平康荘(侯爵)とともに、ときの文部大臣長谷場純考に陳情し遂に許可を受けることに成功した。私立東京高等農学校は、明治四十四年十一月十六日、正式に専門学校令による私立東京農業大学になり、横井時敬が学長に就任した。

このとき学則が制定され、大学部(予科及び本科)、高等科、研究部、選修科及び聴講科が置かれることになった。修業年限は大学部の予科が二カ年、本科が三カ年、高等科が三カ年である。入学資格は予科が年齢満十七歳以上の男子で、中学校卒業者、専門学校入学者検定試験合格者、甲種農学校卒業者などであり、本科の入学資格者は予科卒業者及びそれと同等の学力を有する者とし、高等科の入学資格は予科の入学資格と同じにした。高等科が従来の高等農学校を引継ぎ、そのうえに予科と本科を持つ大学部を作ったことになる。

学生定員は大学部予科百六十名、本科二百四十名、高等科三百名の計七百名をとった。なお、大日本農会会員及びその子弟に対する授業料減免制度は続けられた。

大正時代に入り、大正デモクラシーは教育機関にも波及し、私立大学も帝国大学と同格として認定せよ、という機運が盛り上がった。それもあって、大正七年一月五日「大学令」が公布された。これによって、大正九年春、早稲田、慶応を始め八大学が「大学令による大学」に昇格した。そのなかに東京高等商業学校が、商業を専門とする単科大学として「東京商科大学」（現一橋大学）に昇格していた。許可されなかった東京農業大学の役職員や生徒のショックは大きかった。

東京農業大学が昇格できなかったのは、単科大学の昇格に必要な設置基金五十万円の基金が不足したからである。大日本農会は財団法人東京農業大学の設置にあたり、私立東京農業大学の全財産を寄附したが、到底基金を満たすことができなかった。校舎、特に図書館の建設も必要であった。ここに校友会、大学当局、学生会が三位一体になって、一大募金運動が展開された。それぞれ大変な努力をした。横井時敬は虚遊と号した一流の書家であったから、自ら「虚遊書会」をつくり、横井虚遊揮毫の書を頒布して、募金するなど、あらゆる努力をした。このような農大関係者一丸になっての努力が実り、大正十四年五月十八日に「財団法人東京農業大学」が文部省より許可された。大学令が公布されてから七年後のことで、いかに苦心惨憺したかがわかる。

横井時敬は、大正十一年に東京帝国大学を満六十二歳で定年になってからは、東京農業大学の学長に専念していたが、大学昇格後は学長、理事長に就任し、死亡する昭和二年十一月二日までその職にあたった。享年六十八歳であった。

横井時敬の農学教育思想

横井時敬が私立東京農学校に係わりをもつようになったのは、校生榎本武揚の強い要請によるものであった。横井時敬等駒場農学校出身者が東京農学校の評議員になるのは、先に述べたように明治二十八年四月である。榎本武揚は、当時農商務大臣の職にあった。一方、横井時敬は前年に帝国大学農科大学教授に就任している。

榎本武揚と横井時敬の年齢差は二十四歳で、榎本武揚が五十九歳、横井が三十五歳のときである。横井時敬は、そのとき既に『重要作物塩水選種法』『稲作改良論』『農業汎論』『信用組合論』などの独創的な論文、著書を発表し、新進気鋭の農学者として頭角を現していた。また『興農論策』『産業時論』『農業読本上下』『実用教育農業全集』『初等農学』などの書を著し、農業政策や農業教育に高い見識を示していた。横井時敬は生涯にわたり膨大な著作をものにし、それらは『横井博士全集』全十巻に収められているが、決して書斎派ではなかった。横井時敬は議論好きの人であった。また「足尾鉱毒事件」に率先して係わるなど、議論派、正義感の強い行動派の学者であった。

榎本武揚は、このような瀕死の東京農学校の再建に横井時敬に助力を仰いだ。榎本武揚や校長伊庭想太郎にしてみれば、学園紛争を正常化し発展させるには、駒場農学校の血を導入し、第二の札幌農学校の方向を軌道修正することであった。榎本武揚はこのとき横井時敬が熊本洋学校出でありながら、ついにキリスト教に帰依せず、武士道を重んじた人物であったことを知っていたかどうかはわからない。ただ、その後のことをみると、榎本武揚、伊庭想太郎、横井時敬は武士道という一本の線で人間的なつながりを保っていたように思われる。横井時敬は終生長州人を嫌っていたというが、徳川の痩我慢と肥後もっこすの長州嫌いの一徹とがどこかあい通ずるものがあったのではないかと想う。なお、横井時敬は伊庭想太郎が事件を起こした後も大日本農会附属東京農学校の商議員の職を、その死後の年まで解かなかった。

さて、校生榎本武揚が東京農学校の廃校を決意したとき、横井時敬はその廃校に強く反対し、存続を主張した理由はどこにあったのであろうか。竹村篤は横井時敬が学んだ熊本洋学校が廃校になり、母校がなくなるみじめさを二度と生徒に味あわせたくなかったからではと、小説家らしい視点で述べている。また、そこには助力を仰がれた責任感と持ち前の意地があったのかもしれない。

しかし、その背景には横井時敬の農業教育思想が作用しているとみるべきであろう。当時はまだわが国の農業教育制度が定まらないときであった。前年の明治二十七年に「簡易農学校規程」が公布されたばかりである。この簡易農学校規程は、横井時敬が同郷の井上毅文部大臣から農学校の組織に関する諮問を受けた答申をもとに、横井時敬自身が起草したものである。横井時敬は農業教育全般について強い関心をもっていた。横井時敬が起草委員を代表して起草した「興農論策」は明治二十四年のことであるが、この「興農論策」のなかに農学校の整備案がある。これは我が国で初めての農学校の体系的な整備案を提唱したものである。

それによると、農学校はその教育の程度によって、農区農学校、地方農学校、郡村農学校の三種とする。農区農学校は全国を五つの農区に分け、一農区に一校、計五校を設置する。ここでは具体的に農区の区分と学校の設置場所の例まであげている。この農区農学校は修業年限は予科二年、本科三年で、十八歳以上、中学校卒業の学力を有する者となっている。そして学校の財政は国費によって賄うこととしている。地方農学校は各府県に一校ずつ設置する。修業年限は三カ年とし、入学資格は年齢十五歳以上、中学校第二年次卒業の学力を有する者。その財政は主に地方税からとし、国庫からも補助金を下附する。郡村農学校は各郡村に設ける。年齢十三歳以上、小学校卒業者で農作業の実情に応じ、普通教育の他に農閑期、夜間などに授業を行うこともできる。この学校の運営は主として郡もしくは町村の費用で支弁し、地方税をもって補助する。

横井時敬のこの農学校整備案は、その後の初等農業教育機関として「実業補修学校規程」に基づく「農業補修学校」に、中等農業教育機関として「実業学校令」に基づく甲種乙種の「農学校」に、さらに「専門学校令」に基づく「高等農林学校」にと継ながっていく。なお、横井時敬は、これら三種の農学校の他に高度の農学校として農科大学をあげている。

横井時敬の初等、中等、高等の三種の農学校案は、どこにその根拠があるのであろうか。三種案のなかに横井時敬の農業教育思想が現れているといえる。横井時敬は農業社会を上流(歳入五百円以上)、中流(歳入百円以上)、下流の三等級からなるとして、これらの階層に対応する農学校が必要だとしている。これは農家層を決して固定しようとしたものではないが、農家の資力に応じて、誰でも農業教育が受けられるようにとの考えである。横井時敬は「一国国勢の進歩は、上下氏人の聯進に成り、一国農産力の進歩は主として農業家各社会の聯進に由る。上流社会独り能く進むも、下流の之に応ずるなければ、即ち龍頭蛇尾の譏《そしり》あらん」と述べ、農業生産力の増進には、農民各層の連携が必要なことを強調している。農業の進歩発展には農業教育を通して、農民に科学的農業知識を普及する必要があり、農学校はその役割を担うべきだとの考えである。このことによって、横井時敬は単に高等農業教育のみを対象にしたのではなく、農業教育全般をその視野に入れていたのである。従って、簡易農学校程度の東京農学校ではあったが、その存立の意義を認め廃校を惜しんだと解すべきであろう。また、東京農学校を実業学校令による東京農学校へ、専門学校令による東京高等農学校へ、そして大学令による東京農業大学へと発展せしめたのも、単に生徒の要求や官立農学校との競合に伴う学校経営問題からだけではなく、彼の全体的農業教育観に沿っていたものと理解できよう。

横井時敬は愛国者であった。富国強兵の源泉は農業と農民にあると固く信じていた。国家の発展は農業のみならず工業、商業の発展が必要だという認識は、熊本洋学校の生徒時代にジェーンズから殖産興業の重要性を学んでいてよく知っていた。しかし、国家にとって、食料の自給と強兵は農民というこの二つの重要性は特別のものであった。横井時敬は少年時代、西南の役で家を焼失している。そのとき熊本城にたてこもった谷干城率いる農民兵の政府軍がいかによく戦ったかを身をもって実感している。

横井時敬の農業教育思想のなかには、富国強兵の源泉が農業、農村の発展にあると考えていたことは確かである。東京農業大学における軍隊の農事講習会の開催などは、その思想の一端を示すものといえよう。

ところで、横井時敬は生涯にわたり農業教育に情熱を注いだ。その背景には、横井時敬の「農学」と「農業」との関係をとおして理解する必要がある。横井時敬にとって「農学は農業の学」であった。農学の対象は農業であり、しかもそれは農業を営む農業経営であった。農業経営の主体は農民であるから、農業教育が重要な意味を持つ。従って、横井時敬は、「農学」「農業」「農業教育」を一体的に捉えていた。

横井時敬が「農学栄えて農業亡ぶ」を嘆いたのも、農学の研究が細分化し、総合化された農学の目的が見失われつつあることに対する警鐘と受け止めるべきであろう。

横井時敬の著作に『農業と農学』があるが、その紹介より東京農業大学の教育目的が、横井時敬の考えをよく示しているので、それを紹介したい。横井時敬は東京農業大学に自分の農業教育の理想を実現しようとしたからである。横井時敬は東京農学校が大日本農会附属東京農学校になるとき、校則を制定した。その後昇格とともに校則、学則が幾度か改正されている。その学校の「目的」の条項をみてみよう。

○大日本農会附属東京農学校規則（明治三十年一月〜明治三十四年七月）

第一条　本校ハ農ノ学理ト技術トヲ教授スルヲ以テ目的トス

○大日本農会附属私立東京高等農学校規則（明治三十四年七月〜明治三十六年八月）

第一条　本校ハ本規則ニ揚クル程度ニ於テ農業ニ従事スル者ニ須要ナル教育ヲナスヲ以テ目的トス

○大日本農会附属私立東京高等農学校規則（明治三十六年八月改正――専門学校令――）　第一条　本校ハ実業専門学校ノ程度ニ於テ農業ニ従事スル者ニ須要ナル教育ヲナスヲ以テ目的トス

○私立東京農業大学学則（明治四十四年十一月制定――専門学校令――）

第一条　本校ハ実業学校令及専門学校令ニ依リ地主並ニ農業ニ従事スル者ニ須要ナル教育ヲ為スヲ以テ目的トス

○東京農業大学学則（大正十四年五月十八日制定——大学令——）

第一条　本大学ハ農業ニ関スル学術ノ理論及応用ヲ教授シ並ニ其蘊奥ヲ攻究スルヲ以テ目的トス

○東京農業大学専門部学則（大正十四年五月十八日制定）

第一条　専門部ハ農業ニ必要ナル高等ノ教育ヲ授クルヲ以テ目的トス

横井時敬の「農学は農業の学」とする考えは、東京農業大学が大学令による大学に昇格したときの学則に「本大学ハ農業ニ関スル……」と明確に規定されている。この「農業」の文字がなくなるのは、戦後の新制大学になってからである。昭和二十四年四月一日制定の東京農業大学学則第二条は「本大学は農学に関する学術の理論及び応用を教授し有能な人材を養成すると共に農学に関する研究及び研究者の養成を以て目的とする」となり、その後の農業がどこかに忘れ去られるような目的不明確な人材養成が前面に出てくる端緒となった。横井時敬が生きていれば、やはり「農学栄えて農業亡ぶ」とでもいうのであろうか。ただし、いささか弁護をすれば、現在の東京農業大学は農業及び農業関連産業を中心とする幅広い産業人の育成を目指している。農業の後継者は専業農家に約五千人、毎年百名余の学生が新規に農業の従事者になっており、短期大学部においてはその多くが農業、造園業、醸造業の後継者になっている。

ところで、高等農学校や専門学校令による東京農業大学の校則、学則には、明確に「農業に従事する者」が対象とされているが、特に興味を引くのは私立東京農業大学学則のなかに、「地主並びに農業に従事する者」と「地主」教育が出てくることである。横井時敬は「地主的農本主義者」として評価されているが、それは農村に居住し農業生産に密着している在村地主を農村の社会的、政治的、文化的代表者として庇護したからである。横井時敬は地主と自作農、小作農との併存、協調が健全なる農村の維持になると考えていた。その中でも在村耕作地主に期待し、東京農業大学の教育にそれを期待した。

横井時敬の農学教育は徹底した実学教育思想に基づくものであった。科学は演繹法と帰納法の相互関係において認識する必要があるが、横井時敬は農学研究に対し帰納法的思考を重視した。農学の実験科学分野における実験において孤立化法の手法は当然であったが、そこでも帰納法的思考を強調した。横井時敬は学生に対し、常に「稲のことは稲に聞け、農業のことは農民に聞け」と説き、実験、実習、演習、農村調査を重視した。横井時敬の実学思想の形成は、横井小楠やジェーンズの影響によるところが大きいと思われるが、彼自身の鋭敏な頭脳と塩水選種法発明のような体験に基づくところが大きいと思われる。ともかく横井時敬は、東京農業大学において、農村のリーダー養成と実学教育の理想に向け、その情勢を燃焼した。

農大精神の高揚

東京農業大学には「農大精神」といわれるものがいまもってある。それをよく伝えているのが「応援団」と体育及び文化団体連合会所属の各部で組織する「農友会」である。いまでもこの二つは全学組織である。農大精神とは「横井精神」のことである。横井時敬は、東京農学校が大日本農会の附属になったとき、教頭として東京農学校の教学の全責任を負うことになったが、カリキュラム改正にあたり、「倫理」を三年間必修科目にして、自ら担当することにした。その後、東京高等農学校、東京農業大学になっても「修身」の学科目を設け、全学生を対象に毎週欠かさず講義をした。この倫理及び修身で、繰り返し話をしていた道徳倫理の真髄が横井語録となり、横井精神といわれるようになった。

横井時敬は常に東京農業大学を「われわれの学校」といって、学生とともにあったから、学生は横井時敬を慈父のごとく慕い、その話を咀嚼し、教えをよく守った。横井時敬が東京農業大学をこよなく慈しんだのも、彼の教育理念を素直に吸収する多くの農大生がいたからに他ならない。

横井時敬の真髄は「自治の精神」と「武士道精神」にある。

横井時敬は大日本農会の附属として東京農学校が新体制になった明治三十一年十二月に、自治精神を高揚すべく「生徒規約」を定め、翌明治三十二年一月十六日の開校記念日に、全生徒に宣誓を行わせた。この生徒規約はその後若干の修正があったが、昭和三年五月十八日の宣誓式当日まで、実に三十余年間、毎年新入生がこれを遵守し宣誓することになった。

この東京農学校生徒規約ノ第一項目に掲げられている項目は「我等東京農学校生徒ハ自治ノ精神ニ基キナ舷ニ此規約ヲ設ケタルモノニシテ学校ノ監督ノ下ニ之カ履行ヲ誓フモノナリ」とある。第二項目以下は智徳を磨く心得、校内秩序の遵守、登校時の服装、教室内及び実習での心得、質実剛健の気風の涵養などが具体的に続くが、それらに違反した場合の罰則規定として「規約ノ各項ニ違フモノハ情状ノ軽重ニヨリ左ノ罰ニ処セラルル事、説諭掲示、留置労働、停学、放校」が設けられている。そして、この罰則規定を含め全規約の実行を生徒にまかせた。即ち罰則規定の次の項目に「右規約ノ各項ヲ実行スルニ就キ各級ニ於テ級長及副級長ヲ選考シ以テ之カ処理ヲ託スル事」と定めたのである。学校の監督、指導のもとにあるとはいえ、学生の処分も含め生徒に大幅な自治を認めた点は、明治三十年代初期としては画期的なことであり、他の私立学校から高く評価された所以である。

横井時敬の「自治の精神」の高揚は、学校が生徒を取り締まるのではなく、生徒自らが治める精神を培うことによって、取り締まらなくて済む学校環境を作り出すことであった。しかし、その背景には横井時敬の「農村の自治」を守る思想があり、将来、農村の指導者たるべき農大生に自治の精神の重要さを体験せしめることにあったと考えるべきであろう。横井時敬は、農工間の不均衡発展に伴う農村の疲弊、地主対小作関係の矛盾等が表面化するなかで、農業、農村を守るために農村の自治、農民の自治を強く訴えた。横井のそれが歴史に反する頑迷な農本主義と非難されようが、人間教育の場としての東京農業大学の教育の中では、人格陶冶の人間形成の精神として開花していった。それはやがて戦後民主主義的連帯性原理に基づく「農村自治」の担い手として期待されるようになる。

横井時敬は農大生に対し「武士道」を説いてやまなかった。横井時敬はキリスト教的倫理を排した。ジェーンズの伝記『アメリカのサムライ』の著者フレッド・ノートヘルファーは、ジェーンズの教え子のなかで、キリスト教に帰依せず、純粋にジェーンズの科学的思考を継承したのは横井時敬のみであると評している。横井小楠ですらキリスト教に理解を示したが、横井時敬は一顧だにしなかった、といえる。横井時敬は熊本洋学校の生徒が花岡山でキリスト教の同盟を結成したとき、反対の水前寺派に属した。横井時敬は日本人の倫理を「武士道」に求めた。なお、横井時敬はヨーロッパの「騎士道」には強い関心をもち、武士道との共通性について評価している。

横井時敬が武士道に固執した理由は定かでない。少年時代、父親に厳しく武士道を教えられたこと、肥後藩で特に尚武の精神の強い中坪井「連」に所属したこと、母親に心配をかけたくなかったことなどがあげられる。しかし、その他に、武士道精神が彼の質実剛健の性格に一致するところが多かったのも一因であろう。横井時敬は駒場農学校時代に友人から「アイロンバー」という渾名をもらっていた。それは、横井時敬が粗末な衣類を身にまとい、いつも鉄棒をステッキ代わりにもっていたからである。維新後、刀を持てないので、鉄棒がその代わりであった。喧嘩をするためではない。刀は武士の魂だからである。横井時敬の先祖に赤穂四十七士の小野寺十内の切腹を介錯した、肥後藩指おりの武士横井儀右衛門がいる。時敬は武士の家系の血を色濃く受け継いだのであろうか。

横井時敬は明治のナショナリストであった。熊本洋学校で英語を鍛えられ、英語、独語の語学力も抜群で、ヨーロッパへの留学、アメリカへの旅行、ジュネーブの第三回国際労働総会の政府代表委員など国際通であったが、頑固なほどのナショナリストであった。横井時敬にとって日本のアイデンティティは武士道に他ならなかった。武士階級がなくなった明治になって、「国を守る」のは農業であり、その農業の担い手である農民は、武士道精神の継承者でなければならないと横井時敬は考えた。『横井博士全集』第五巻には武士道のことがいくつか述べられている。その一つに「農業と武士道」が掲載されている。そのなかで横井時敬は武士道の真髄をいくつか述べている。その一つは「武士は食わねど高楊枝」がある。楊枝は食後に使うものであるが、食べないのに食べ終わったということを示すものである。武士は自ら恃することを高くして軽々しく人に憐れみを請わないものであり、それは瘠我慢すなわち意気・意地の精神である。瘠我慢こそ武士道なりとし、実業においてもこの困難に打ち勝つ瘠我慢の精神が必要であると説く。そのためには「己に克つ」鍛練が必要である。武士はまた「御位牌の手前」「刀の手前」決して卑怯なる振る舞いをしない。主君の名誉、祖先の恥辱にならぬよう「自重」の精神が必要である。「武士は相見互」である。これは友人間のみならず敵との間でもしかりであり、助け合う「同情」の精神が武士道の道徳概念でもある。

横井時敬は「農民は武士が刀の手前と言うのに対し、鍬柄の手前と言うをもって切瑳琢磨して武士道の訓練をなすべく、我農業教育者の任にあるもの、宜しく覚醒せんことを切望して止まざるなり」と。

かかるが故に、横井時敬は農業の担い手、農村のリーダー教育を目的とした東京農業大学において、徳育教育の根底に「武士道精神」をおき、「質実剛健」「自彊不息」「独立不羈」の気風の高揚に努めたのである。

なお、横井は日本の武士道が中世ヨーロッパの騎士道と多くの点で共通しており、その騎士道が近代のジェントルマンシップに継承されていることに着目し、学生に対し、常に「ジェントルマンたれ」と訓示していた。今様にいえば「気骨と主体性をもった紳士淑女たれ」とでもいえようか。

（『稲のことは稲にきけ――近代農学始祖　横井時敬』家の光協会刊一部抜粋）

横井時敬を知るための本

『明治大正の学者たち』　東京大学昭和48年度公開講座　金沢夏樹「横井時敬の農業観と農民観」　東京大学出版会
『横井博士全集　全一〇巻』　大日本農会横井全集刊行会　大正一四年七月
横井時敬博士追悼号　『農業』　No.一一〇六　昭和五一年一一月
『小説東京農大(揺籃編)』　遊楽書房　昭和五五年四月
『小説東京農大(青嵐編)』　遊楽書房　昭和五五年五月
『稲のことは稲にきけ――近代農学の始祖　横井時敬』　金沢夏樹・松田藤四郎編著　平成八年五月一日　家の光協会

横井時敬略年表

年号	西暦	年齢	横井時敬年譜
万延元年	一八六〇	〇歳	一月七日、肥後国熊本城下の内坪井に藩士横井久右衛門時教の四男として生まれる。幼名豊彦。
明治四年	一八七一	一一歳	二月一〇日、時敬（ときよし）と改名する。 九月一日、肥後国熊本洋学校開校。同校に入校（県費、全寮生）、入学生のうち最年少であった。
八年	一八七五	一五歳	七月二七日、熊本洋学校卒業。 一〇月二四日、熊本洋学校でアメリカ人教師ジェーンズの助手となり後進を指導する。
一〇年	一八七七	一七歳	二月五日、熊本洋学校廃校により解雇となる。
一一年	一八七八	一八歳	三月、東京駒場農学校農学本科に入校する。
一三年	一八八〇	二〇歳	六月、駒場農学校農学本科を卒業する。駒場農学校農芸化学科へ入校する。
一四年	一八八一	二一歳	二月二五日、神戸師範学校第一級農学講義嘱託となる。 五月一六日、病気を理由に駒場農学校農芸化学科を退校する。 一〇月八日、兵庫県御用掛となる。 一〇月一四日、兵庫県植物園長兼農業通信員となる。
一五年	一八八二	二二歳	三月一一日、福岡県農学校三等教諭となる。

一六年	一八八三	二三歳	六月二三日、農学士の位を受ける（農務局）。
一八年	一八八五	二五歳	四月二二日、福岡県農学校教諭となる。この間に「種籾の塩水選種法」を考案した。
二〇年	一八八七	二七歳	四月一日、福岡県勧業試験場長となる。「農業小学　上下」発刊（魁玉堂）。
二一年	一八八八	二八歳	五月、『稲作改良法』発刊（奎文堂）。
二二年	一八八九	二九歳	二月二三日、農商務省技師補となる。 二月、大日本農会幹事となる。 農務局勤務となる。 一一月二二日、大日本農会農芸委員となる（～大正三年）。
二三年	一八九〇	三〇歳	四月一二日、第三回勧業博覧会審査官となる（内閣）。 五月、農学会幹事長となる（農学会）。 七月二日、農務局第一課長を兼ねる（農商務省）。 九月、農商務省を依願退職する。 九月、『産業時論』を創刊する。 一一月、東京帝国大学農科大学の講義を担当する。
二四年	一八九一	三一歳	一月、『興農論策』発刊（農学会）。 九月一三日、高等師範学校農業科の授業を担当する。 七月、『重要作物塩水選種法』発刊（産業時論社）。 一二月、『信用組合論』共著。
二五年	一八九二	三二歳	一月、『農業読本　上下』発刊（博文館）。 一月、『産業時論』を『日本農業新誌』と改称（博文館）。 『実用教育農業全書』発刊（博文館）。『農業汎論』発刊（博

			文館）。
二六年	一八九三	三三歳	四月、『初等農学』発刊（大日本図書）。 九月一六日、東京帝国大学農科大学講師となる。農学第一講座を担当する。
二七年	一八九四	三四歳	七月二一日、東京帝国大学農科大学教授となる。 一一月二八日、大日本農会全国農事大会委員となる。
二八年	一八九五	三五歳	三月、大日本農会紅白綬有功章を受ける。 四月、東京農学校評議員となる。
二九年	一八九六	三六歳	四月、『通俗、農用種子学』発刊（東京興農園）。 一〇月二四日、農業教育に関する取調員となる（大日本農会）。
三〇年	一八九七	三七歳	一月一五日、大日本農会附属東京農学校教頭及び商議員となる。
三一年	一八九八	三八歳	四月二三日、海外における害虫駆除予防の方法調査（農商務省）。 九月、『栽培汎論』発刊（博文館）。
三二年	一八九九	三九歳	三月二七日、農学博士の学位を受ける（文部省）。 五月二六日、農業教育学研究のため満一カ年間ドイツ留学（文部省）。
三四年	一九〇一	四一歳	四月一日、農科大学附属農業教員養成所講師となる。 六月、『農業経済学』発刊（博文館）。
三五年	一九〇二	四二歳	四月一七日、農科大学附属農業教員養成所主事となる（文部省）。

三六年	一九〇三	四三歳	一二月、『農業叢書　作物の話　他』発刊（富山房）。
三七年	一九〇四	四四歳	二月、『農業原論』発刊（興文館）。 『農学大全』発刊（博文館）。 六月、『稲作改良論』発刊（博文館）。 七月、『農業教授要項』発刊（金港堂）。
三八年	一九〇五	四五歳	五月、大日本農会紫白綬有功章を受ける。 六月、『農業新論』発刊（成美堂）。 八月、『虚遊軒文庫第壹農業時論』発刊（読売新聞社）。 一一月一五日、第二回懸賞応募改良牛馬耕犂審査委員長となる（大日本農会）。
三九年	一九〇六	四六歳	一一月二六日、大日本農会副会頭となる（〜大正三年まで）。
四〇年	一九〇七	四七歳	一月二三日、大日本農会附属東京農学校校長となる（〜明治四四年一一月まで）。 一〇月二四日、大日本農会第三六回農産品評会審査委員長となる。 一〇月、『農業振興策』発刊（弘道館）。 一〇月、『小説模範町村』発刊（読売新聞社）。
四一年	一九〇八	四八歳	三月二五日、東京帝国大学農科大学耕地整理講習に関する教室主任となる。 四月、『現今農業政策』発刊（成美堂）。 一二月一九日、大日本農会農商務省諮論関税に関する答案調査委員長となる。
四二年	一九〇九	四九歳	一月一五日、大日本農会第三八回農産品評会審査委員長とな

			る。 二月三日、大日本農会第二種耕地整理講習に関する授業を担当する。 七月、盛岡高等農林学校講師となる。 四月二一日、鉱毒調査会委員となる（内閣）。 一二月二三日、大日本農会第三九回農産品評会審査委員長となる。
四三年	一九一〇	五〇歳	四月三〇日、生産調査会委員となる（内閣）。 一〇月、『経済全書　農業経済』発刊（東京宝文館）。 一一月一六日、農商務省帝国農会特別議員となる。
四四年	一九一一	五一歳	八月三一日、東京帝国大学農科大学農政学経済学第二講座を分担する（文部省）。 九月二五日、東京帝国大学評議員となる（文部省）。 一一月一六日、東京農業大学学長となる（大日本農会 （〜昭和二年一一月まで）。
大正元年	一九一二	五二歳	八月、『小学農業教授法』発刊（東京宝文館）。
二年	一九一三	五三歳	二月七日、大日本農会分析部長となる。 七月一六日、農業教科書編纂委員となる（文部省）。 七月、『都会と田舎』発刊（成美堂）。
大正三年	一九一四	五四歳	一〇月、大日本農会紫緑綬名誉章を受ける。
四年	一九一五	五五歳	九月、『農村改良の話』発刊（二松堂書店）。 一一月、『農村発展策』発刊（実業の日本社）。
五年	一九一六	五六歳	三月、『農閑出鱈目草』発刊（弘文館）。

六年	一九一七	五七歳	一〇月二四日、大日本農会第四三回農産品評会審査委員長となる。 一一月八日、中央畜産会第一回全国家禽共進会審査長となる。 四月一七日、欧米へ出張（内閣）。 四月、『農村改良論』発刊（大日本農会）。 五月、『農学研究　合関率』発刊（成美堂）。 六月、『農学研究　農業と農学』発刊（成美堂）。 六月一九日、農商務省帝国農会特別議員となる。
七年	一九一八	五八歳	一月二一日、農学第一講座を担任する（文部省）。
八年	一九一九	五九歳	八月二五日、勲二等瑞宝章を授かる。 一一月一七日、中央畜産会第四回全国家禽共進会審査長となる。
九年	一九二〇	六〇歳	三月、『畜産経済』発刊（子安農園出版）。 五月七日、農業教育調査委員となる（文部省）。 一〇月一一日、小作制度調査委員となる（農商務省）。
一〇年	一九二一	六一歳	四月、『農学研究　経済側の耕地整理』発刊（成美堂）。 七月一一日、ジュネーブにおいて開催の第三回国際労働総会における政府代表委員顧問となる（内閣）。 八月一六日、欧州における私立農科大学の組織経営及維持に関する調査（大日本農会）。
一一年	一九二二	六二歳	一月一八日、大日本農会名誉会員となる。 一一月、東京帝国大学を定年退官する。 一二月二七日、東京帝国大学農学部農業教員養成所における

			修身及び農業教授法の一部の授業並実地授業の指導をする（帝国大学）。
一二年	一九二三	六三歳	三月五日、帝国大学令第一三条による勅旨により東京帝国大学名誉教授の名称を受ける（内閣総理大臣）。 三月二五日、農民連盟が組織され、会頭となる。「農民新聞」創刊。 五月二五日、小作制度調査会委員となる（内閣）。 一二月七日、高等小学及実業補修学校農業教科会編纂委員長となる（文部省）。
一三年	一九二四	六四歳	四月二日、帝国経済会議員となる（内閣）。 四月、『農業経済学新教科書』発刊（成美堂）。 『農民新聞』。 『軽減と地租委譲』発刊（東京農業大学出版会）。 一一月、『農業経済学』発刊（東京宝文館）。
一四年	一九二五	六五歳	四月、『農村制度の改造』発刊（有斐閣）。 『農業政策』発刊（東京農業大学出版会）。 五月一九日、財団法人東京農業大学学長となる（〜昭和二年一一月まで）。 五月二六日、財団法人東京農業大学理事長となる（〜昭和二年一一月まで）。 八月、『横井博士全集』発刊（大日本農会）。
一五年	一九二六	六六歳	一月、『農業教育及教授法』発刊（東京宝文館）。 五月二二日、帝国耕地協会会長となる。 九月、『農学研究　比較農業』発刊（成美堂）。

昭和二年	一九二七	六七歳	五月、『小農に関する研究』発刊（丸善）。 一一月一日、大日本農会紫紅綬名誉章を授かる。 一一月二日、死去、享年六七歳（多磨霊園に埋葬。墓所六区一種一二側一二番）。正三位勲一等瑞宝章を授かる。

「東京農業大学百年史」（東京農業大学刊）、「農業　横井時敬博士追想号」（大日本農会刊）等より作成。

著者紹介

松田藤四郎（まつだ　とうしろう）

昭和六年一二月一一日、北海道生まれ。昭和三二年　東京農業大学大学院農学研究科農業経済学専攻修士課程修了。昭和四二年　米国マサチューセッツ大学大学院農業・食品経済学専攻修士課程修了（ＭＳ）。昭和四九年～平成一四年　東京農業大学教授。昭和五〇年～五二年　東京農業大学学生部長。昭和五八年～六二年　東京農業大学農学部長。昭和六二年～平成一一年　東京農業大学学長・東京農業大学短期大学学長（現短期大学部）。平成一三年一〇月～一九年七月　東京情報大学学長。平成六年～一五年　第一六・一七・一八期日本学術会議会員。平成七年七月～平成二三年七月　学校法人東京農業大学理事長。平成一四年五月　東京農業大学名誉教授。平成一九年一二月　東京情報大学名誉教授。平成二三年九月　学校法人東京農業大学名誉顧問。平成二七年三月二二日死去。

著書・編著／『緑化樹木の生産と流通』『緑化産業の新動向』『グリーンビジネス』『ジャワ稲作の経済構造』『フィリピン稲作の経済構造』『タイ稲作の経済構造』『二一世紀農業への提言』『稲作からみたアジアの社会』『水田農業の経営革新をはかる』『水稲直播による経営革新』『稲のことは稲にきけ――近代農学の始祖　横井時敬』『榎本武揚と東京農大』『横井時敬と東京農大』『農業会計の新展開』『代替農業の探究――環境と健康にやさしい農業を求めて』『松田藤四郎が語る――東京農大人生60年』など。

シリーズ・実学の森
榎本武揚・横井時敬と東京農大

2019（平成31年）4月1日　第1版第1刷発行

著　者　松田藤四郎
発　行　一般社団法人東京農業大学出版会
代表理事　進士五十八
〒156-8502 東京都世田谷区桜丘 1-1-1
TEL03-5477-2666　FAX03-5477-2747

印刷／凸版印刷株式会社
ISBN978-4-88694-491-7 C0037 ¥1700E 401941そ

〈東京農大の本〉

榎本武揚と横井時敬——東京農大二人の学祖
東京農大榎本・横井研究会編　本体3000円＋税

横井時敬の遺産　友田清彦　監修・著　本体1600円＋税

横井時敬の足跡と熊本　友田清彦講述　本体840円＋税

ドキュメント榎本武揚——明治の「読売」記事で検証
秋岡伸彦著　本体800円＋税

東京農大出版会　TEL：03-5477-2666
FAX：03-5477-2747